欢也飘零，悲也飘零

苏曼殊的红尘游记

孟语嫣◎著

中国华侨出版社

图书在版编目(CIP)数据

欢也飘零,悲也飘零:苏曼殊的红尘游记 / 孟语嫣著.—北京:
中国华侨出版社, 2013.6

ISBN 978-7-5113-3714-6

Ⅰ.①欢… Ⅱ.①孟… Ⅲ.①传记文学-中国-当代
Ⅳ.①I25

中国版本图书馆 CIP 数据核字(2013)第132869号

欢也飘零,悲也飘零:苏曼殊的红尘游记

著　　者 / 孟语嫣

出 版 人 / 方　鸣

责任编辑 / 严晓慧

责任校对 / 王京燕

经　　销 / 新华书店

开　　本 / 870 毫米×1280 毫米　1/32　印张/8　字数/175 千字

印　　刷 / 北京建泰印刷有限公司

版　　次 / 2013 年 8 月第 1 版　2013 年 8 月第 1 次印刷

书　　号 / ISBN 978-7-5113-3714-6

定　　价 / 28.00 元

中国华侨出版社　北京市朝阳区静安里 26 号通成达大厦 3 层　邮编:100028
法律顾问:陈鹰律师事务所
编辑部:(010)64443056　　64443979
发行部:(010)64443051　　传真:(010)64439708
网址:www.oveaschin.com
E-mail:oveaschin@sina.com

序　言
PREFACE

　　命运是一位残酷而又温柔的诗人，他一边谱写着人世间最曼妙的诗章，一边又在安排最悲惨的命运。这世上的人有千千万，命运喜欢给他们各自安排截然不同的人生。于是有人在乱世之中仍能游刃有余，有人生来含玉，一生快活；也有人从一出生就带着苦，带着痛，带着悲。命运是这样顽皮，那个被他赋予可怜人生的人，却偏偏拥有一颗玲珑如玉的心。

　　很难想象，在一个从小饱受欺凌，看尽世间悲苦，在动荡中生存的纤弱少年，是怎样写出那些如画卷般美妙的诗篇。若是人真有前世，苏曼殊的上一世大概是享了太多的福，尝了太多的甜，将下辈子的福运也都用光了，才让他的今生这般悲苦。然他的命虽是苦的，心却比许多人都要纯净，就如同冰雪一般洁白无瑕。哪怕命运对他如此苛刻，他却从未自暴自弃，始终努力爱着这个世界。

　　也许他当真是太过完美，完美到让老天怀疑自己犯了错误，于是早早就将他接回了天上。他来到这世间匆匆行走一番，甚至还没来得及看尽他想看的风景，没来得及用力去爱一个他深爱的人，就带着遗憾离开了。对于他的年轻生命的陨落，有人觉得惋惜，也有人觉得，他已经够苦了，走了反而是种解脱。

其实苦不苦无非是自己的感觉。仔细读过他的诗作，就会发现，尽管他从小就遭受着各种不公，尽管他生存的时代是那样满目疮痍，他却始终热爱着这世上的每一草，每一木，每一个春华秋实，每一次雨雪冰霜。他的爱，他的情，他的每一缕思绪，都如春风一般叫人温暖。

于是我们知道了，原来这世上真有这般如玉的人，当他靠在樱花树下读书，怕是那纷纷飘落的花瓣也因他变得温柔，那不停吹拂的轻风也变得小心翼翼。草木变成了害羞的姑娘，静悄悄地看着他，却又担心被他发现这痴情的注视。他走过的每一个台阶，踏过的每一寸草地，都对他保留着最柔情的记忆。哪怕几十年后，当它们回想起这个少年时，亦立刻泛起了温柔。

时光荏苒，那动荡的年代已不再，悲伤女子的泪水也不再，出身可怜的少年也不再。当人们想起曾经的那个岁月，不会有人记得那时有一位为情私下产子的可怜母亲，更不会有人提及那个孩子经历过的种种……只有千百年来从未停止流浪的清风记得，曾经，有一个纯净的男孩，在她的身旁走过。

目 录
CONTENTS

第 *1* 章

谁怜一阕断肠词

1 别样出身

　　这世上每一个幸福的故事都是相似的，而不幸的故事则各有各的不幸。所以那些流传下来的凄美故事总是带着各式各样的悲戚。有时候，当故事被讲述太多遍后，就会被美化许多。而当我们还原最初真相的时候，会发现真实是那样残酷——发现当王子知道灰姑娘不是公主时就抛弃了她，发现白雪公主真的被王后毒死了，发现在故事里犯了错误的百般挽回女主角的男主人公其实从未爱过女主角。所以我们更喜欢看故事，而不喜欢看纪实小说。

可故事毕竟是虚假编造，现实却是真真切切的。那一桩桩血与泪的述说都是真实存在于曾经的时光里的。就算我们学习鸵鸟，将头埋在沙子里，偶尔抬起头时还是会发现，一切仍在继续着。背叛、迫害、伤情都未曾减少过。在红尘之中，每时每刻，都会在世界的某一个角落里发生些耐人寻味的故事。而就在 19 世纪末，在一个叫做横滨的地方，一个女人的悲情人生开始悄悄上演。

横滨是一个美丽的地方。在那里，你能感受到春风的温柔，夏花的微笑。这里诞生过许多浪漫的故事，在美丽的樱花树下，人们难免产生别样的温柔情怀。当时，一位名叫苏杰生的生意人就在这美丽的横滨，缱绻出了温柔情怀，演绎了一段多情故事。

苏杰生来自中国，远渡重洋是为了多赚些钱。说起生意人，人们总是联想到铜臭，联想到各种俗气的词汇。若说苏杰生俗气，的确不假，每日与钱财打交道，整天琢磨怎么赚钱的人不可能有多高洁，但他又不是真的如那些市井之徒一般，他品性高雅，是一个很懂得享受生活，很懂得世间风情的多情人。

在这世上，多情的人有很多，他们无一例外都会做些伤人的事。其实他们也不是十恶不赦，非想把好好的人带入地狱之中，但他们就是忍不住释放他们的情感，释放后又太容易被其他风景迷惑。他们总是缺乏自制力，总是不能从一而终。因此，在他们的生命里，往往有许多流着泪度过一生的女子。

河合若子便是这样的女子之一。

苏杰生与河合若子的相遇是很浪漫的。那正是个樱花烂漫的季节。每到这个美丽的季节，人们总要三三两两走出门去看樱花，热爱生活的苏杰生也不例外。他正当盛年，意气风发，当他行走在路上时，总有年轻女子对他悄悄侧目并窃窃私语。这对他而说早已习惯，是以并不意外。他这样的男子会吸引女孩子那也是理所当然的。

漫天的樱花瓣随风飘落，当身在其中，让人难免产生幻觉，好似所在的地方已经不是人间，自己脚下所踏的也不是土地，而是踏在云端，前往仙境了。苏杰生眯起双眼，他隐隐看到前方一位宛若仙人的女子正蹲在地上扫着花瓣。他十分好奇，悄悄来到那女子身后。女子很是专注，根本没有发现后面多了一个人。直到她挽着花篮站起身回头时，才惊讶地"呀"了一声。

女子察觉到自己的失态，忙朝苏杰生鞠躬道歉，"实在是太抱歉了，我并没有看到您，刚刚一定是吓到您了！"苏杰生并没有被吓到，只是有些愣神。也不知是纷纷飘落的樱花温柔了空气，还是这女子的神态身形太过迷人，苏杰生感觉自己对这女子已是一见钟情。

苏杰生礼貌地笑了笑，"没关系，是我不对，不该偷着站在你身后。但我实在太好奇了，你是在做什么？是在拾这些花瓣吗？"女子有点腼腆，她不好意思地说："是呀，没想到被您看到，真是太丢人了。"苏杰生连忙摇头，"哪里丢人？倒是我不该打搅你才对。我只是不明白，这里平时都是有人打扫的，你为什么要多此一举呢？"

女子笑了，她举起花篮，给苏杰生看了看她满篮子的花瓣，然后说："我不是为了打扫，而是为了把这些花瓣捡回家去，把它们放在花盘里，会让花长得更好！"苏杰生点头，"原来是这样。你真是一个特别的女子，不知道我能否冒昧得知你的名字呢？"女子愣了愣，她仔细看了看苏杰生，她发现他是一个很英俊的男子，不觉有些脸红了。她明白，当一个男人问一个女人名字时，通常不会是交个朋友那么简单的。

见女子如此，苏杰生连忙道歉："对不起，我的问题太突兀了。我……我只是太想认识你。我真是害怕如果今天分手，往后就再也无法见到你了，那样我一定会抱憾终身的！如果你实在不愿意告诉我，那就算了吧，就让这段相遇成为我心中最美好和最遗憾的回忆吧！"女子听了仍有些犹豫。苏杰生见此，也不再多言，转身就要离开，这时忽然听那女子在他身后连忙说道："河合若子！我的名字叫河合若子！"

苏杰生喜出望外，他转回身来，开心地说："这真是一个美妙的名字！我叫苏杰生，是从中国来此做生意的。我就住在横滨，若子小姐也住在这里吗？"河合若子摇了摇头，她说："我是从江户过来玩的。"这个答案让苏杰生十分失望，他又问："那若子小姐能在这里待上多少天呢？"河合若子想了想，她说："我也不知道，我这是第一次离开家，希望在外面找一份工作，这样就可以养活我自己了，可是到现在也没有找到什么工作，如果横滨找不到的话，那我就只有回到江户了。"

这对苏杰生来说倒是一个好消息。苏杰生连忙问她："如果说工作，我那里倒有一份，就是不知道若子小姐是否愿意。在我家做帮佣的人要回老家去了，我正想聘一个新的帮佣，不知道这样的工作若子小姐能做吗？工钱倒是不会少给。"河合若子听了很是高兴，她开心地说："我能做！苏先生真是我的贵人！没想到我一碰到苏先生就有了工作！今天真是若子的幸运日！"

苏杰生更是高兴，他没想到一切会这样顺利。这位让他一见钟情的女孩子这么容易就被他带到家里，没有什么比这更棒的了。他甚至迫不及待地直接将河合若子带回家，并嘱咐她尽快搬进来开始工作。河合若子光是从苏杰生的眼神里就多少明白他的企图，但她并没有对他防范，相反，在对上他的目光时，她的心跳也莫名加速。与其说防范，不如说，她自己也期待能与这位英俊的男子发生什么故事。

河合若子就这样来到了苏杰生的家。这里并不是苏杰生的老家，而是为了做生意在横滨临时的住所。他主要做茶行的生意，虽然他这个人多情而又浪漫，但他在生意场上可是从不手软，所以在日本的这些年他赚了不少钱。对于河合若子，他不光按月为她发放工钱，更是时常买些漂亮值钱的首饰给她。一来二去，两个人就如同许多美妙的恋爱故事那样，开始了缠绵的热恋。

恋爱中的河合若子眼里心里都只能看到苏杰生的身影，苏杰生的情话就如同魔咒一般，让她失去了所有的判断。于是在名不正言不顺的情况下，河合若子暗结珠胎，成了一个未婚的孕妇。那时候她并没有想太多，苏杰生是那样精干那样了不起，她相信他一定能给自己一个很好的安排。然而苏杰生却不像她那样天真，他知道这意味着什么。本来，完全无媒妁之言，也没有明媒正娶，这样一段关系已经足够尴尬，再加上那未出世的孩子，若是被老家的人知道了，还不知该如何交代。

好在河合若子始终是那么爱他，爱得不顾一切，爱得忘记了理智。这让他可以暂时逃避未来的一切，只专注沉浸在当下的温柔乡里。

日子一天一天过去，河合若子的肚子也越来越大。苏家的人表面上都对她和和气气，将她当作夫人一样对待，背地里却时常抱着鄙夷的态度谈论她。他们说她不知廉耻，说她卑贱，可惜这些话传不进若子的耳中，甚至直到生产的前一刻，她还迷醉在美梦之中不可自拔。

终于到了1884年的9月28日。那一天正是一个艳阳天，每一缕阳光洒在身上都是那样柔和，仿佛在预示着一个温柔的生命的诞生。那时河合若子忽然发觉下腹疼痛，在苏家一阵手忙脚乱之后，一个漂亮的男婴诞生了。他生下来就十分讨人喜欢，苏杰生抱着他简直爱不释手。他将自己在横滨意外诞生的这个儿子取名为苏戬。

小小的苏戬生下来就获得了父亲和母亲的爱。阳光照在他的小脸上，使他看起来是那样的幸福。好像世上没有任何事情可以烦恼到他一样。当父亲抱起他时，他就乖巧地贴在父亲的身上，仿佛知道这个男人是他最大的依靠一样。他带着信任，带着爱，带着依赖来到这个世上，在给父母带来欢愉的同时，他也渴望着父母为他带来一生的呵护。

第1章
谁怜一阕断肠词

那个时候，还不会讲话，不懂人情世故，见到人只会笑的苏戬并不知道，他与其他家庭的新生儿不同，他的身份并不是一个合理的应该得到父亲和母亲全部爱的孩子，他有一个不光彩的名头，叫作私生子，他甚至还有一个难听的别称，叫做野种。而他的母亲，那个正躺在床上慈爱地看着他的人，是他父亲在日本找的"野女人"，没有明媒正娶，甚至连个妾侍的身份都没有。

对于苏杰生与河合若子的爱情是对还是错，谁也无法妄下断言。但可以确定的是，这个小婴儿是无辜的，不论父母犯了多大的错，都不应当由他来承担。然而现实就是那样残酷无情。一个什么也不懂，带着对这个世界的好奇与期待的婴孩，刚刚来到这个世界上，就受到了各种各样的指责，并面临着一段未卜的命运。

樱花已落，爱情辗转成了昨日的不归梦，留下的是一个风雨飘零的传奇人生。

2 养母之恩

爱是天使，让人饱尝幸福和欢喜，爱亦是蛊毒，让人迷惑而尝尽痛苦。河合若子正处在幸福与痛苦的边缘。

曾经深陷在爱里的河合若子难免有些不理性的痴傻，她眼中溢满了爱情，而忽略了许多，诸如名分、地位。但如今她又多了一种母亲的身份，她的生命中被注入了新的情感。她知道该为自己的儿子求一个身份了。她自己过去没有想过应该在苏家给自己谋一个地位，一直到生了孩子后，她才意识到，这个孩子姓苏，是应该由苏家接纳过去的。于是她向苏杰生提出来，要带儿子到苏家光明正大地认祖归宗。

这是苏杰生最为担心的一件事。之前他一直在逃避,如今若子亲自向他提出来,他才意识到自己已经不得不面对了。但是这该如何面对?他该怎么告诉父亲和母亲,自己在横滨捡了个日本女人,甚至还生了一个儿子!?他该怎么向远在家乡的夫人妾室们交代,自己莫名其妙在外面生了一个野种?

河合若子期待和信任的目光就如同刀子一样刺在苏杰生的心上。带着忐忑的心情,他与抱着儿子的河合若子踏上了回国的轮船。

苏杰生的家在广东省香山县沥溪村,那是一个十分保守的村落,苏家在那里是大家族,这也正是苏杰生最为担心的原因。父母都是传统守旧的人,对苏杰生这样不合礼法的行为,他们是断然不可能同意的。苏杰生唯一的希望就是,当父母看到可爱的小苏戬时,能够心软,就算无法接受河合若子,至少也能接受这个小孙子。

苏家对苏杰生在外面的荒唐行为早就十分了然。所以当苏杰生带着抱孩子的河合若子走下马车来到苏家门前时,发现苏家根本不让他们进门。守门的小伙子十分抱歉,他告诉苏杰生,老爷、夫人说了,若想进门,只有苏杰生自己可以进,让那个

"野女人"和那个"野种"在外面自生自灭。

"可这毕竟是苏家的孙子啊！父亲母亲起码应该看一眼啊！"苏杰生仍不死心地哀求。守门人无奈地告诉他："老爷、夫人说了，苏家的媳妇很多，孩子也不少，不需要那个"野种"来抢食吃。"苏杰生知道再求已是无望，只好带着若子和儿子回到马车。

若子虽然不大懂中文，但她从他们对话的语气和神情中可将情况窥知一二。她的心头袭来阵阵凉意。当她看到苏杰生无奈的神情时，她忽然明白，原来这个男人并不是万能的，并不是无敌的，原来并不是只要相信了这个男人就足够。

几番努力后，苏杰生还是放弃了，他心中是有诸多顾虑。他一来担心父母喋喋不休的责备，二来自己也觉得这件事情太不光彩，所以决定带儿子回到横滨。

这是一段让人心情沉重的旅程。当海风吹在若子的脸上时，让她变得无比清醒了。仔细想来，其实从她刚进横滨的苏家时，苏家人就都在用别样的眼神看着她。虽然大家都把她当夫人对待，但其实苏杰生从来都没有许诺过她什么。其实她在苏家的那段日子一直是如履薄冰，若非是被爱情蒙蔽了双眼，她早该看到这惨淡的未来。

第1章
谁怜一阕断肠词

　　然而此刻纵然是千万次地悔恨也于事无补。若子抱着儿子，儿子正用天真的双眼看着自己。这小小的婴孩不会明白她心中的苦，更不会明白他自己的命运是多么可悲。

　　若子觉得自己愧对儿子，她将他带到了这个世上，却无法给他应该有的幸福和疼爱。几滴海水打在了若子的脸上，和她的泪混在一起，她望着眼前无垠的阔海，心中一片迷茫。她不知该怎么办才好，她甚至想就这样将他抛入海中，让他及早结束生命，以免日后痛苦，可是这孩子是这样的可爱，她怎么忍心！她的心都快要碎了。

　　怀里的婴儿努力想伸出手去抓母亲的脸，仿佛是要为母亲拭去伤心的泪水。一对迷失在爱里的母子，如同生命海洋里的孤舟，等待着命运之风的吹拂。

　　回到横滨之后，苏杰生对苏戬的照顾并没有怠慢，他请了人专门去照应若子母子，只是他不再去看望他们。如今对苏杰生来说，这对母子就是他的罪证。他甚至觉得当初就是受了河合若子的诱惑——他本是一个规矩守礼的人，都是受了若子的诱惑，才会做下这荒唐的事，生下这荒唐的儿子。曾经的多情人，已然成了薄情郎。他已经忘记了曾经的心动。

　　对于苏杰生的厌弃，若子十分了然。有时偶尔碰见，若子也发现，当初苏杰生看向自己时眼里的炙热已经不复存在，取而代之的是冰冷的嫌弃和避之不及。若子本就涉世不深，她实在无法理解，一个人的心怎么能变得那么快，曾经深刻的爱怎么会离去得那样决然？为什么曾经有多么深情，现在就变得多么无情？

所有关于爱情的梦想，被苏杰生冰冷的眼神重击，碎落一地。哀怨，悲痛，不解，愤怒，震惊……许多种情感在若子的心头萦绕不去。不久之后，若子一病不起。当她病下之后，是她的姐姐河合仙来照顾她的。而单纯的她并不知道，其实姐姐曾经与苏杰生也有过一段情，甚至姐姐比她的境遇要好上很多。河合仙是作为妾嫁给苏杰生的，他们还生了一个孩子，名叫苏焯。后来河合仙不堪忍受苏家的歧视待遇，才带着孩子离开了苏家。

若子知道姐姐的故事，却并不知道姐姐当初嫁的男人就是苏杰生。河合仙也十分后悔，后悔应该早些将一切都告诉若子，这样自己的妹妹就不会重蹈自己的覆辙。她实在没有想到，一对姐妹，竟然会沦陷在对同一个男人的情感之中，这究竟是孽缘还是前世欠的债？

对于若子的病，苏杰生隐隐是觉得庆幸的。若子的存在对他来说本就如芒刺在背，他碍于情分，更碍于若子是苏戬的母亲，才一直没有将她赶走。如今若子病倒了正是天合他意，如果若子就这样一病而亡，那苏杰生不但省了一个大麻烦，同时还不必背上背信弃义的罪名。只是，这样的心理，苏杰生是不敢承认的，他甚至对自己也不敢承认，因为他害怕自己变成一个残忍无情的人。

河合仙一边照顾病中的若子，一边照顾着幼小的苏戬。苏家虽然有专门照顾苏戬的人，但谁都知道这是个野种，所以没人会对这个孩子上心。当河合仙发现苏戬的被子里有很多粪便却无人清理时，她既伤心又愤怒，就将照顾孩子的工作揽到自己身上。

虽然河合仙将若子照顾得无微不至，但若子的病还是一天比一天更厉害。一者是她积郁难解，二者苏家也不愿意给她买好药。河合仙眼看着若子的生命不断流逝，自己却无能为力。她时常抱着年幼的苏戬哭泣，她为自己可怜的妹妹感到痛惜，她更悲悯这个孩子可怜的命运。

她抱着苏戬来到若子的床边，让孩子好好看看自己的母亲。

小苏戬好似感觉到了悲伤的情绪，哇地大哭起来。若子想伸手去哄他，却发现自己的手已经无力抬起了。河合仙心中更加悲伤，她紧紧抱着小苏戬，想用自己身上的温度，来温暖这个可怜的孩子。如果说苏戬这一生还有什么幸运的事的话，那就是他还有这么一个关心他、爱护他的阿姨。

若子离去的那天，小苏戬才只有三个多月。河合仙将自己不多的钱财拿出来给小苏戬雇了奶妈，总算将他养得白白胖胖、招人喜欢。当若子死亡的消息传到苏杰生的耳中，他感觉自己胸口上的一块大石头总算是落地了。他嘱咐佣人为若子打理身后事，佣人草草将若子在附近埋了，并趁机会偷藏了不少若子的首饰。

因为河合仙要照顾小苏戬，只能任由苏家处置妹妹的丧葬。一想到可怜的妹妹就这样结束了她短暂的一生，河合仙就倍觉心痛，她决定用自己的一生来呵护妹妹留下的这个可怜的孩子，把他当作自己的亲生儿子对待，竭尽自己所能地不让他受到伤害。

河合仙在苏家住了下来，住在若子简陋的房间里。她本来是想带走苏戬的，但她知道，苏杰生虽然对妹妹无情，对这个孩子总还是十分喜爱，她希望今后若有机会，还是能让这个孩子认祖归宗。

比起若子，河合仙是一个十分聪明的女人，她知道怎么做对孩子才是最好的。对此，苏杰生默许了，尽管他对河合仙也是不理不睬，但还是会适当给孩子带去些贴补，顺便看看孩子的成长情况。

河合仙无微不至地照料着小苏戬，看着他从爬到走，到学会说话，她已经把自己完全当做了苏戬的母亲，她如同世上所有爱护孩子的母亲那样关爱着这个幼子。河合仙因为在中国待过三年，所以中国话讲得不错。所以她从小就教苏戬讲中国话，这也是为日后做的打算。而在她的呵护下，小苏戬总算和其他幸福的小孩子一样，度过了一个还算快乐的童年。

至于苏家其他人，也渐渐喜欢上这个可爱的孩子。小苏戬天生聪慧，总是会把人哄得十分开心。他的童真童趣，为这个一向死气沉沉的苏宅带来了许多欢乐。就连苏杰生的心也渐渐柔软下来。天真的孩童，穿梭在各色的目光中，如同一缕柔暖的阳光，温暖地照耀在苏家。那段儿时的光阴也成为了苏戬一生中最柔软、快乐的时光。

3 金玉之才

一块美玉就算藏在石中，无论多久也不会减淡它的成色，一旦被发现，雕砌成形，便是价值连城。人亦是如此，一个天生的才子，就算命运几多磨难，但是终有一天，他将会惊艳世人。

时光辗转，苏戬已经三岁。他已经能够流畅背诵母亲教给他的诗词，并能够进行简单的运算。苏家的人都很喜欢逗他，给他出题让他来回答。他反应机敏，应答迅捷，大家更是对他喜爱倍加。

时光是痛苦的解药，三载光阴过后，河合仙对若子离去的悲伤已经淡了许多，在小苏戬的陪伴下，她笑的时候比愁的时候要多出许多来。加上大家对苏戬的关怀和爱护，让她感觉这孩子已经是苏家少爷了。或许是上天真的对这个孩子特别苛刻，对他来说，快活的日子总是太少。

这天，正是春花三月。这样的日子总是会让人心情疏朗，容易想起开心的事。苏戬在院子里开心地奔跑着，并喊着河合仙追自己。他们总爱这样嬉闹，苏戬叫河合仙母亲，他是完全将河合仙当作自己的母亲，小小的他尚不知晓，其实自己的生母早就已经离开了，他对生母的记忆被时光淹没。河合仙被他逗得开心大笑，两个人就这样在院子里你追我跑地闹着，有些忘乎所以，没注意有个人来到了这里。

苏戬跑得太开心，直到他被眼前的人撞倒时，才发现院子里还有一个人。他抬起头，天真地看着这个人。这是一个女人，看起来跟河合仙差不多大。他记得母亲告诉过自己，看到成年女人要叫阿姨，但他刚一开口，"阿"字还没喊出来，嘴就被河合仙抢先捂住了。小苏戬疑惑地回头看河合仙，而河合仙正诧异地看着来的人，"姐……姐姐？"

那女人冷笑一声，低头看了看苏戬，冷笑说："原来这就是那个日本女人生的野种啊，我还以为他已经死了，没想到还这么活蹦乱跳呢。"

苏戬虽然小，但也能看出人的脸色了，他看出这女人来意不善，上前推了她一把，声音稚嫩地朝她喊："你不许欺负我母亲！"这一来那女人更是生气，她怒声地呵斥着苏戬是个野种，并狠狠地在苏戬的脸上掐了一下，苏戬粉嫩的小脸顿时红肿起来。

从没受过这种虐待的苏戬大哭起来，河合仙连忙将他抱起，轻轻抚摸他肿得很高的小脸，并怒瞪那个女人。河合仙并没有开口讲什么，她也知道她没办法讲什么，因为这个女人不是别人，正是苏杰生的正妻黄氏啊！若是日后苏戬认祖归宗了，他还要叫这个女人母亲，她怎么能再去加深他们之间的矛盾呢？

苏戬的哭声让黄氏更加愤怒，她怒气冲冲离开院子，决定直接去找苏杰生算账。河合仙看出了她的企图，她知道自己应该让苏戬过去给黄氏认错，但她就是挪不动步子，讲不出口。孩子有什么错，有什么错呢？仅仅因为父母的荒唐，仅仅因为可悲的地位，就要去低声下气求一个对自己心怀不善的人吗？这样的人生太苦了，太苦了。

黄氏这一次是特地从广东老家赶过来的。也许是因为若子的事情让家里人对苏杰生失去了信心，所以让黄氏来到横滨与他同住，以免他再做出什么荒唐的事。当然，最主要的原因还是黄氏自己想要来，她知道若子虽然死了，但那个孩子一直都在横滨，在苏杰生的身边。作为嫡妻，这是黄氏所不能忍的。她可以忍受苏杰生娶妾，却不能忍受他在外面拈花惹草。

那时候，苏家这样一个封建家族，对血统看得十分重要，与日本人生的孩子就是血统不正。这样不正的血统正是因为苏杰生的不检点所造成的。这也是苏家不接受苏戬，对苏杰生愤怒的原因之一。

黄氏这次来便是打算长住下去。毕竟夫妻长期分离也不是什么好事。她的来到，于情于理，都是应当的，谁也无权指责干预。苏杰生固然觉得束手束脚，也只能听从父母的安排。

黄氏的到来，最痛苦的就是河合仙了。河合仙很明显地感觉到黄氏对苏戬的敌意，她怕黄氏会伤害苏戬，可她却无能无力，她能做的，只是对苏戬多加留心照管。她并不在乎苏家那些乱七八糟的顾虑和想法，她唯一在乎的，只有苏戬的快乐和幸福。

黄氏来了之后，苏家给苏戬的补贴明显少了很多，衣服也只有些别人用过的旧衣服，吃的就更是简单。不出几个月，苏戬瘦了不少。那些日子里，河合仙经常趁着苏戬睡觉时偷着哭。

有时候苏戬会忽然醒来为她擦拭眼泪。小小的苏戬并不明白母亲是为了什么哭泣，他只能隐约感觉到，母亲的哭泣跟那个新来的女人有关系。

命运是一个十分顽皮的操纵者，他在给了苏戬不幸的命运同时，又给了他一颗七窍玲珑心。尽管苏戬只有不到四岁，但已经知道该怎样哄人开心了。他知道当自己做出成绩时母亲就特别高兴，所以他就努力背诵母亲教过的诗歌，并努力书写那些母亲教给他的文字。

黄氏养了一只小兔子，苏戬也很喜欢那只小兔子，时常想上去逗兔子玩，每一次都被河合仙严厉制止。河合仙知道一旦苏戬动了黄氏的东西会有怎样的后果，即使苏戬对那小兔子是如此喜爱，她也不会冒这样的险。而她更不敢为苏戬买一只小兔子玩，因为这样的行为无疑是在跟黄氏叫板，对苏戬更加不利。思来想去，聪明的河合仙决定带苏戬去动物园，她想，让苏戬多见识见识各种动物，他就不会对那小兔子那样新鲜了。

来到动物园，苏戬果然看什么都新鲜。这里的种种都是苏戬从来没有见过的，他觉得新鲜急了，高兴极了。看到苏戬快乐的样子，河合仙心中充满了喜悦。这世上还有什么比孩子的笑容更能让母亲觉得幸福的呢？

他们在动物园逛了整整一天。一直到傍晚回家时，苏戡仍然兴奋地跟河合仙重复着那些新学到的动物的名字。大象、狮子、老虎……河合仙则微笑着看他，同他一起快乐。也只有在这样的时候，她才能忘记那些苦恼的事情，才能完全沉浸在喜悦之中。她想，只要这孩子始终都是快乐的，那这世上就没有什么痛苦！只要她一直保护着这个孩子，那他就一定能快快乐乐过一辈子！

回到家中，吃过晚饭之后，苏戡早早就睡去了，大概是白天玩得太累了，他睡得很沉很香。在他睡去之后，河合仙才躺在他身边睡着。他们每天晚上都是这样睡，河合仙靠在床外面，他在里面。河合仙不敢睡得太沉，她始终担心着孩子，所以只要有个风吹草动，她就会立刻从睡梦中惊醒，只有看到在身旁沉睡的小苏戡，自己才再度睡去。

第二日清晨，当河合仙醒来，意外发现床上竟只有自己一个人！她的心顿时一沉，全身都变得冰凉了。她立刻起身四处寻找，她的心都快要停止跳动了，她真怕自己最担心的事情会真的发生。好在只是虚惊一场，她终于在院子里看到了小苏戡。原来小苏戡已经自己穿好了衣服，正在院子里不知玩什么。

河合仙凑近了看，却发现苏戡正在用粉笔作画！那粉笔是她为了教苏戬识字而买来的。最令她惊讶的是，苏戬画的恰是昨日在动物园看到的狮子！那狮子画得栩栩如生，完全不似出自一个四岁孩子的手！河合仙忽然意识到，这孩子也许是个绘画的天才！她忙回屋穿好了衣服，趁着苏杰生还没出门，带着苏戬去找苏杰生。

河合仙很少去找苏杰生，所以看到他们母子时，苏杰生是有些意外的。河合仙走过来，兴奋地告诉他："你知道吗？你们苏家出了一个天才啊！你根本想不到，他才这么小，就能画出一只漂亮的狮子了！"苏杰生闻言很是意外。

仿佛炫耀一件珍藏的藏品一样，河合仙自豪地领着苏戬，带着苏杰生来到他们的院子，并指着地上的那只粉笔画让苏杰生看。

苏杰生看了一眼，也露出了惊讶的表情。他本以为苏戬只是画了个比较像的简笔画，他万万没想到这只狮子竟然画得那么精致，连神情都那么有趣，简直跃然纸上了！

苏杰生谨慎地问苏戬："戬儿，这是你画的？"苏戬点了点头。"那……你能再画一个吗？"苏戬抬头看了看河合仙，看到她笑着点头，于是拿起粉笔，又在旁边画了一只大象。当他画完，苏杰生已经震惊得说不出话来了。

　　苏杰生这时哈哈大笑起来，他一把将苏戬抱起，高举着大笑着说："不愧是我苏杰生的好儿子！有朝一日，我一定要让你爷爷奶奶看看，他们的孙子有多聪明！爸爸会给你找最好的老师教你读书，你一定会成为我们苏家的骄傲！"

　　河合仙心里高兴极了。本来她只是打算等苏戬大了，让苏戬跟苏杰生搞好关系，等苏家二老都去世了，苏戬总能认祖归宗。现在看来，情况比她想得还要乐观。而苏杰生的话就如同一颗定心丸，让她对苏戬的未来充满了希望！

　　她笑着看着被苏杰生抱着转了好几圈的苏戬，心中溢满了感动，并不是因为这父子相抱的欢喜场面，而是为了苏戬的努力和才华。她知道在以后的日子里，苏戬也许会经历许多苦楚，但是她一定会用整个生命来爱护他。让他在承受着命运的凄风苦雨之时，能够有一处温暖的避风港。

第 **2** 章

人间天上结离忧

1

认祖归宗

血脉，被封建家族奉为生命的根，而当一种东西被过分地重视时，便会衍生出诸多悲辛故事。让人唏嘘叹惋，又无力抗拒。

尽管黄氏来到了横滨与苏杰生同住，却还是始终怀不上孩子。而他们在横滨的一切情况，都有人及时通知家乡中的苏家父母。对此，苏家很是着急。毕竟，对于一个家族来说，子嗣是最重要的，无子那就是绝了后了。苏杰生的小妾陈氏偶尔也会过来横滨待个十天半月，她倒是十分容易怀上，可惜生的都是女儿。无奈之下，苏家父母终于想起了那个曾经被他们挡在门外的日本女人生的野种。

就算是野种，好歹也是苏家的血肉，更何况还是个儿子。苏家父母听闻这个孩子十分聪明好学，很有天分，于是派人给苏杰生送去消息，让他将孩子送回来认祖归宗。

说是认祖归宗，其实回去了也就回不来了，至少在成年之前是没有机会回来了。苏杰生长年居住横滨，在外飘泊，没有那么多的时间教育孩子。在家就不一样，家里的各种资源都比横滨要齐全，苏家能为苏戡请先生教书，还能将家训传给苏戡，免得人家说苏戡是没家教的野孩子。

当苏杰生接到这个消息，无疑是十分高兴。这代表父母已经接纳了这个孩子，他自己也总算不必再背个在外养私生子的罪名。他连忙将这消息告诉了河合仙，让河合仙为苏戡准备准备，到时候让黄氏带着他回广东老家。河合仙也是无比高兴，这一天终于被她盼来了！这一定是妹妹在天有灵在保佑这个孩子呢！她喜出望外地回到屋内，打算告诉苏戡这个好消息。

苏戡此时正在安静地看书，看到河合仙笑开了花的模样，他很不解地问："母亲遇到什么好事啦，怎么这么高兴？"河合仙上前抱住他，激动得流下了眼泪，她说："你知道吗？你的爷爷奶奶打算让你回家了！你可以回家了！"

"爷爷奶奶？"苏戬的脸沉了下来，"就是那些不喜欢我，不让我进门的人吗？"河合仙一愣，"你是从哪里听说这些的？""是那个黄阿姨说的！她说我爷爷奶奶根本不让我和母亲回家，还说我跟苏家没关系！"河合仙听了生气地"呸呸呸"了好几声，"别听她乱说！我跟你说，你不但是苏家的人，将来还要在苏家扬眉吐气，让苏家所有人都尊重你！你回到苏家以后，记得一定要孝顺你的爷爷奶奶，要把他们哄得高高兴兴的！你还要努力读书，将来有了大出息之后，再回来看我……"

苏戬眼睛忽然睁得大大的，"你说什么？你不跟我一起回去吗？"河合仙微笑着摇了摇头，虽然她在笑，眼角却是挂着泪的，"我不能跟你一起回去，那里是你的家，却不是我的，我得留在这，我等着你，等你长成一个了不起的大人了再来找我，好吗？"苏戬紧紧抱住了她，坚定地说："不好！不好！我不跟母亲分开！什么叫'是我的家，不是你的'？只有母亲在的地方才是家！其他哪里都不是！"

"说什么蠢话！"河合仙生气地推开他，"你这个不懂事的孩子！你知道母亲等这天等了多少年吗？！你知道你的亲生母亲是为什么去世的吗？你怎么能这么不听话！你是想气坏我吗？"

她是真的在生气，虽然泪水早已无法抑制地流了下来。苏戬连忙再次抱住她，"母亲你不要生气！可是我真的不想跟母亲分开！我觉得这里很好，为什么非要回去找爷爷奶奶？他们又不喜欢我！"

河合仙叹了口气，她说："你现在还小，很多事情你都不明白。你只要听母亲的话，记住母亲嘱咐你的事情，日后你一定会明白母亲的苦心的！你要听话，母亲会在这边等你的。你一定要努力长成厉害的大人啊！"苏戬只是紧紧抱着她不说话，他哪里知道，此时河合仙的心都要碎成一滩了。河合仙轻轻抚摸着苏戬的头，她在心里说：可怜的孩子呀，日后母亲再也不能保护你了，你自己在那边可怎么办呢？一定会有很多人欺负你，你一定要坚强啊！母亲真想看着你一点点长大，可是看来这只能是个不切实际的愿望了……

尽管苏戬百般不愿，河合仙还是为他收拾好了一切东西。这次苏杰生因为生意太忙不能回去，所以由黄氏给他送回去。河合仙知道，既然苏家父母已经开了口，黄氏就不敢把这孩子怎么样。然而一些刻薄肯定是不可避免的，这除了靠苏戬自己坚强挺过去别无他法。河合仙看着苏戬小小的身躯，他才六岁啊！那么单薄的小身子，不知道要承受多少苦楚了。她忽然有些迷茫，不知道这个始终渴望的事情到底是对还是错，把他送回家去对他是幸还是不幸。

那一天，是河合仙将苏戬送上船的。黄氏一副不情愿的样子把苏戬接了过去。她但凡能生个一儿半女，都绝对不会带着这个野孩子回苏家。她又悲又恨，悲的是自己身为嫡妻，却偏偏生育不出儿女，恨的是今后竟然要将这个野孩子当作苏家少爷培养了，不论别人多喜欢这个孩子，她就是对他喜欢不起来，他们天生相克的。苏戬也不喜欢跟她一起上船，可是为了听河合仙的话，他只能跟她走。

这是苏戬第二次踏上从横滨到广东的轮船。第一次时，是他的亲生母亲抱着他的，那时他还懵懂，所有的事情都一无所知，不论看到任何东西都只会睁着天真的双眼，新奇地看着。而如今他已经懂了许多事，波澜壮阔的大海，广袤无垠的碧空，这些都无法再让他欢喜起来。他的心不在旅程的终点，而在他来时的路，在他渐行渐远的地方。这次旅程为他带不来半点喜悦。

黄氏看到一路苦着脸的苏戬，心中更是生气。中午吃饭的时候，她将苏戬叫了过去，挑了些好吃的东西放在苏戬的碗里。苏戬只是坐着，也不动。黄氏看着他，开口说："我知道你对我有意见，但是到了苏家，我就是你的母亲，你就得听我的。从今往后，教导你就是我的责任，如果你出了三长两短，别人会以为我故意虐待你。"说着，她指了指苏戬的饭碗，"你的饭是我为你盛的，你的菜也是我为你夹的，不论你愿意还是不愿意，今后我就要担起河合仙的角色。如果你真的聪明，最好听话。在广东虽说你是苏家少爷，但大家也都知道你的来历是什么，到了那边，除了我，你还能依靠谁呢？"

苏戬当然聪明，他知道黄氏是在威胁自己。到了苏家，他再也不是在河合仙保护下的宝贝了，以后的路他只能靠自己。苏戬于是拿起筷子，一口一口开始吃碗里的饭菜。黄氏看了很满意，她不希望带一个愁眉苦脸的苏戬回去见公婆。这段旅程的终点是在广州。到了港口之后，他们又换乘马车，赶路回到沥溪老家。

苏家在当地颇有威望，苏家的门面也十分漂亮，远比横滨的居所要气派许多。这一次，苏戬是跟随在黄氏身边风风光光走进苏家的，与上一次被闭门不见的待遇相比可谓是天差地别。人就是这样可悲又可笑的生物，威风起来了可以不顾别人的死活，发现家里生不出儿子了，又把当年被拒之门外的孩子接回来，那时逼死了孩子的母亲，这时又要求孩子对自己孝顺有加。

而偏偏这样的故事每时每刻都在上演着，到处都不缺少这种滑稽剧。

到了苏家，苏戬的第一件事自是拜见祖父祖母。两位老人见到孙子可谓喜出望外，这时他们仿佛已经忘记这个孩子血统不纯，忘记这个孩子是私生子了。

一番寒暄之后，苏家下人为苏戬接风，家里早就为他准备好了房间，等他入住了。每一个人对这小少爷都是恭恭敬敬，这场景对于一般常年在外、希望认祖归宗的孩子来说，本是很值得高兴的，但苏戬却一点也不高兴。聪慧早熟的他知道这些人对自己都不是真心恭敬，这世上会真心待他的只有一个人，此时那个人已经被远隔在重洋之外了。

思念的情绪，在他的心中汪洋成海，无数个幽深的暗夜，他都乘着一叶小舟，划向横滨海岸。

2

少年书塾

　　来到苏家，是一个新的开始。然而，苏戬心中却没有种下任何新的渴望。他只希望回到故处，与他最爱的母亲相伴。然而，新的生活不管怎样，总还是开始了。他唯有接受，唯有努力地成长，才能使愿望得偿。

　　苏家对这个聪明的孩子可谓是百般喜欢，只有一点让人对他颇有微词，那就是他的口音。他的广东话是河合仙教的，并不标准，而且其中总是夹杂着日文。这些不标准的日腔粤语和不时蹦出来的日文都在提醒着苏家人，他有一半日本人的血统。

为此，苏戬到苏家不久，苏家就将他送到了书塾，在学习知识的同时，最重要的是把他的恼人口音矫正过来。

这书塾是沥溪村的乡下书塾。教书先生虽然不似大城市里的先生那样博学多才，但也是颇有见解，至少教这些小孩子们是绰绰有余的。苏戬生得漂亮，一般人第一眼看到他总能对他产生好感，所以他一到书塾，先生苏若泉就特别喜欢他，总喜欢跟他谈话。上课的时候他十分认真听讲，到了休息的时候，先生就会把他叫过去，纠正他的口音，并为他讲了许多关于中国现状的事情，以及那些发生在外面的各种精彩的故事。

那时候正是动荡的年代，这种动荡即使是乡下也受到波及。国家不太平，外国人对中国虎视眈眈，许多国家都把中国看成了一块肥肉，都想过来咬一口尝尝鲜，政府又偏偏不作为，眼看着山河都快要保不住了。对此，有识之士们自然是责无旁贷，一心背负起拯救国家的大任。所以教书先生常常告诉大家，一定要多学习知识，一定要自强，等将来长大了要为国家出力，保护自己的国家，不能将国土交出去践踏。小孩子们听了，有些成熟懂事的就义愤填膺起来，挽起胳膊颇有要大干一场的架势，而一些不懂事的，看到别人如此，也不敢玩笑嬉闹。

对于中国的现状，苏戬曾经听河合仙讲过一些，那时候河

合仙告诉过他，日本在分割中国侵略中国的这件事上，也是主
要参与者之一。但这是国与国的事情，是百姓无法解决的。而
无论国家与国家变成什么样子，他们之间的感情都不会动摇。
因为不论谁对谁错，不论最后结果会变得多么惨烈，都与他们
无关，他们也是无辜被牵连的受害者。并不是所有的日本人都
是坏人，同样，也并不是所有的中国人都是好人。就好比在苏
家，河合仙一心想让苏戬过得开心，过得幸福，但是黄氏、陈
氏她们却只想让他痛苦。

　　这天天气很是糟糕，清早天就阴沉沉的，待苏戬穿衣打扮
好之后，一出门时，他发现天上已经飘下雨来了。平时与他一
起上学的叔表亲们，都会在门口集合好了一起坐马车去书塾，
但是现在门口却一个人也没有，不知道是大家都已经走了，还
是他们看天下雨就不来了。苏戬等了一会儿，一直没见马车过
来。他并不知道，上学的马车是苏杰生的妾——陈氏——负责
的，看天上下雨，孩子们都不愿意上学，所以陈氏就没有安排
马车，并通知了其他上学的孩子，唯独没有通知苏戬。

　　其实过去也有过这种情况，天下雨了或是有其他事了，大
家就不去书塾，在家里待着。孩子们天性贪玩，都乐得不用上
学。但是苏戬却不一样，比起待在苏家，他更想去书塾。因为

他在苏家感受不到半点亲情，而在书塾，与教书先生在一起时，他才能觉得安心舒服一些。

所以，尽管这雨越下越大，尽管苏家从来没人为他准备一把伞，他还是只身冲入雨中，背着书包奔跑着往书塾的方向去了。这场景若是让旁人看了，只会认为这是一个淘气的孩子跑到雨中去玩耍，没有人会知道，这个孩子身体本就很弱，这样淋雨只会让身体更差，还有可能患上病。若不是心中充满了渴望与期待，一个只有七岁的孩子又怎么会选择这种下下之策呢？

他也不知跑了多久，老天好像故意捉弄他似的，当他跑入雨中之后，雨下得越来越大，从一开始的丝丝细雨变成了倾盆大雨，这雨淋得他睁不开眼睛，只有低着头，眯起眼睛努力看前面的路。雨淋得地面上十分泥泞，苏戬的鞋上早已沾了厚厚的泥了，裤腿上面也都是泥点子，至于身上早就湿透了，这雨直凉进了小小的苏戬的骨子里，仿佛要将他冰冻起来。

因为看不清路，他一不小心绊到了一块石头，身体失去平衡，往前一跌，狠狠地摔倒在地。他从来都没有这样狼狈过。苏戬挣扎着想起身，但是泥水太重，要起身是非常费力的。苏戬就那么趴在泥里，趴在雨中，一动不动，就如同没有生命的尸体一样。

这样的看不到未来的日子，倒不如死了的好。小小年纪的苏戬竟然产生这样轻生的想法，转而，他立刻使劲摇了摇头。不可以！绝对不可以就这样死去，如果他死了，那还怎么长成一个厉害的大人物，怎么去见自己日思夜想的母亲河合仙，母亲，母亲，母亲正在日本等着他啊！他必须努力长大，长成一个博学多才、有担当的男子汉，这样才能让母亲欣慰！

想到这，苏戬又挣扎着起身，继续踏着泥水朝书塾的方向奔跑。还好他平时坐马车时总是看着风景，所以他记得去书塾的路。也不知道在大雨中淋了多久，也不知道身上变得多冷多冰了，他终于赶到了书塾。在快要到达书塾的时候他在想，自己这副狼狈的样子，到了那不知道会被人怎样笑话呢。不过笑话就笑话吧，反正平时他们对自己也不见得有多么友好。

当他来到书塾时，发现书塾竟然只有教书先生一个人！先生见到他也十分惊讶，连忙放下手中的书本，上前接过他的书包。先生已经六十多岁了，看到这孩子可怜兮兮的样子，不禁心疼地问："下这么大雨你还来干什么呀？你怎么没坐马车来？为什么没打伞？"苏戬刚要回答，老师又说："算啦，你快跟我来，我给你找一套衣服换上！不不，我先给你打一盆热水吧，你先好好洗洗澡！"

教书先生的关怀让苏戬十分感激，没想到在这里还能有人对自己这么好，苏戬觉得鼻子有些发酸。先生带着他来到书塾后面自己居住的地方，先是帮苏戬换下了衣服，拿了个毯子把他包裹起来，接着又去烧热水。苏戬独自待在先生的房中，看着先生屋子里挂的山水画，他发觉那画真是太美了，美得让人仿佛身临其境。原来仅仅几笔简单的勾勒，就能构造出那样的人间仙境，他深深地沉醉其中。

　　不一会儿，先生把一个木盆端进了屋子，又拎了一个热水壶和一个冷水桶，调好水之后，让苏戬放下毯子进去洗一洗。苏戬听话地进了木盆，水温刚刚好，可见先生的用心。舒服地洗澡换好衣服后，他才总算不怎么狼狈了。说也气人，在他到了书塾之后，那雨反而不怎么下了，又变成了一开始的毛毛细雨。

　　这时先生又问："苏戬啊，你是不是直接从家里跑过来的啊？"苏戬点了点头："我还以为大家先过来了，我没赶上马车，只好自己跑过来。谢谢先生为我准备木盆洗澡，先生是我来这边之后，对我最好的人了！"先生闻言，有些心酸地叹了口气，这先生对苏戬的身世多少也知道一些，他可以想象得到苏戬在苏家会是怎样的待遇。先生认为不管大人犯了什么错，孩子总是无辜的，更何况这孩子还这么聪明。可惜这道理很多大人们偏偏参不透。

"谢什么呀。"先生慈爱地笑笑，"你有天生之才，往后肯定要有大出息的，到时候先生还要沾你的光呢，现在当然要对你好些啦！哈哈哈！"这老先生胡子很长，笑起来胡子一颤一颤的，十分滑稽。苏戬也跟着笑起来，他知道这老先生是说笑呢，往后的事谁能预料？只是今日的恩却是真真切切的。

待洗过澡换过衣服之后，他们又回到了书塾。先生说："虽然今天只有你一个人来了，但是既然来了学生，咱们就应该讲课啦，只不过今天咱们可以讲些别的，不知道你想听什么？"苏戬想了想，他问："先生，我想知道，日本人真的那么坏吗？为什么他们一听说我是日本人生的，就都很讨厌我呢？"先生叹了口气，他说："日本有很多心怀野心的人，他们总想从中国抢走点东西，甚至想抢走整个中国。不光是日本，英国、法国，还有很多国家，他们都想来中国抢东西，甚至已经抢走了很多。但你不能因为这些就说所有日本人或者所有英国人、法国人都是坏人，这世上任何地方都是有善有恶，你只要懂得分辨善恶就好，不要人云亦云。"

苏戬点了点头，这先生说的话跟母亲说的差不多，看来不论是中国人还是日本人，都有人抱着同样的想法。他又问："先生，我听说现在外面非常乱，总有人在斗争，我们该怎么办呢？"先生笑呵呵地回答他："孩子，该怎么办还怎么办，该吃饭吃饭，该睡觉睡觉，好好活，总能活到天下太平的那天。""好好活……""孩子你听着，世事就是这样，有时候乱些，有时候稳些，这都是正常的。你生在乱世是你的不幸，但是在乱世中也一样有人活得很好。"

　　这话听起来是没错的，但是对苏戡而言却没什么用处。的确有很多人在乱世中活得很好，但那些是幸运之人的专利。苏戡的人生从一开始就是不幸的，就是伴随着各种厄运的。就算他想好好活，也总有人不让他好好活，总有人不给他活路。他就好像是多余的一样，苏家的许多人都看他碍眼，都想把他如灰尘一样抹去。

　　与先生的谈话是愉快的。苏戡在书塾待了一天，到了傍晚，夕阳西下，火红的云霞映在空中，阴霾了一天的天空总算露出了如玉的碧蓝。苏戡将自己已经晒干的衣服重新换好，告别先生又踏上了归家的路。来时虽然风雨凶残，但归时却是踏着金色的夕阳，令人无比惬意。

③ 夕阳画卷

时光是个顽皮的孩子，总是会把欢乐的时光偷偷藏起，把悲伤的故事拉长。

苏戬从书塾回来的晚上就病倒了。在苏家平时祖父祖母根本顾及不到他，他的起居一直是黄氏或者陈氏负责。她们对他不虐待已经是万幸，何谈关心。小苏戬半夜要上厕所，一下床，双腿一软，就倒在了地上，再要起身时，他才发现自己的双手双脚俱都失去了力气，身体就仿佛被抽空了一样。过去他也曾有过这种状况，但那时候有河合仙的照顾，所以病情也不会太恶化，现在只剩他自己了，他也不知该如何是好。他摸了摸头，发现头是滚烫的。

苏戬的心一下有些慌乱了，他知道自己这是感染了风寒，这一定是白天淋雨的缘故。他强硬撑起身子，扶着墙去了厕所，然后强撑着回到床上躺下。先不说这大半夜的就不可能有人照应他，就算白天，又有谁会照应他呢？他躺在床上，看着窗外的月光，心想自己不会就这么死了吧。他并不想就这样死去，但是如果这是他的命运，他也是不能抗拒的。

他将被子往身上掖了掖，尽量不让凉风透进被子里。昏昏沉沉间，他又进入了梦乡，他恍惚觉得河合仙来到了他的身边，喂他喝水吃药，他吃过药之后就躺在她的怀里，在她的安抚下眯着眼睛享受睡眠。母亲的怀抱是那样的温暖，那样的让他依赖，让他无法割舍。如果说这世上有什么东西是最美妙的，那一定就是母亲的爱了。

苏戬的嘴角露出了笑容，只有在河合仙的怀里，他才会露出这样的微笑。那是他的短暂的幸福时光。而当他被头痛痛醒的时候，却悲哀地发现，这房间仍旧是空无一人，没有母亲温暖的怀抱，他也没有喝水吃药，一切不过是虚幻的梦境，不过是他心底的渴望。他的床还是这样冰冷，他的房间还是这样冷清。

他张开嘴，想要喊叫，想要告诉别人，他病得难受，就快要死了。可是他只能发出微弱的嘶哑的声音。他努力支撑起了身子，扶着墙来到门外。也是巧，他刚出门，就看到陈氏正经过。不论陈氏平时对他如何，此时此刻，陈氏就是他的救命稻草。所以他踉跄着上前拦住了陈氏。

陈氏停下了脚步，冷冷地看着他，讽刺道："这不是我们的小少爷么？怎么这么狼狈呀？"苏戬努力用嘶哑的声音说："姨娘，我……的头很热，不知道……""头很热？"陈氏俯下身摸了摸他的头，"果然很热。"她冷笑着说，"我都听说了，昨天你自己冒着大雨去书塾上学了？"苏戬只好点了点头。陈氏怒道："你这是什么意思？你是怪我们照顾不周吗？你这样丢人丢到外面去了，让别人怎么想苏家？别人会以为我们苏家穷得连个送孩子上书塾的车都雇不起！"

苏戬万万没有想到自己的举动会遭到这样的责备，他想辩解，但陈氏并没有让他讲话，而是继续训道："我们苏家怎么亏待你了？我怎么亏待你了？你简直就是明摆着告诉人家我们在虐待你啊！这话说出去还不知道会难听成什么样子，你人不大，心眼倒是不少！我问你，你知错吗?!"苏戬刚要回答，陈氏又说："我看你根本不知悔改，你就到柴房里去好好反省吧!"说罢，她拖着七岁的本就虚弱不堪的苏戬来到柴房，并在外面将门锁上。

没有想到自己的求助换来的只是更深的绝望。独自倒在柴房里的苏戬已经欲哭无泪。他感觉浑身一阵热一阵冷，生命仿佛要一点点被抽走了。那柴房十分破旧，里面除了木柴，还有许多苏家用过的废弃的东西。苏戬看到那里面有一个很厚的棉被，就缓缓爬过去，将那棉被裹在身上，自己则枕在一块稍大些的木头上面躺下。

　　他躺的位置刚刚好，正能看到柴房唯一的一个窗口，透过那窗口，苏戬可以看到外面的蓝天。他看着天上飘过的形态各异的白云。那些白云自由自在地飘着，无拘无束。他真想自己也能如那白云一般，能够摆脱这个沉重的身躯，飘舞在碧空之上。他更想同那白云一样没有悲欢离合，也没有病痛，自在、惬意地随心而动。

　　有时候苏戬能够听到柴房外面有人经过时说话的声音，有几次他想呼救，但是一来他根本没有足够的力气呼救，二来他担心如果真呼救了不知道自己会不会惹上更多的麻烦。他只有躺在那里，好在这棉被虽然破旧，却很暖，裹在身上让他觉得舒服多了。当他看天看累了，就闭上眼睛睡一会儿，难受醒了就继续睁开眼睛开天。病痛中的他是感觉不到饥饿的，身体已经如此了，吃不吃饭又有什么用呢？

虽然苏戬只能通过一个窗口看外面，但当傍晚来临，他还是能看出天快黑了。他是很喜欢夕阳的，因为比起朝阳的活力，他更喜爱夕阳的温柔。过去，他最喜欢在傍晚时分找一个山坡，看着火红的夕阳一点一点沉入地平线的下面，就仿佛一位已经劳累了一天的母亲，想要躺下歇息一会儿。那场景就如同一副画常在他脑海中浮现。此时在柴房的他自然是看不到夕阳的，但那窗口外偶尔飘过的红色的云霞，让他已经足够想象出日落西山时候的温柔。

天渐渐黑了下来，苏戬已经能看到，暗色的天空上出现了几颗忽明忽暗的星星。他感觉自己的双眼快要睁不开了，他似乎就要死去了。不论如何，让他好好睡上一觉吧，他也如同夕阳一样，需要好好地歇一歇。等他歇够了，也许是明天就能开心地去书塾了，又也许，就是下辈子了。

苏戬曾经听河合仙说过，人是有来生的，今生死了，来生还会投胎做人。河合仙曾经问苏戬，来生他想做什么，那时候他说，他想做一只自由自在的小鸟。而现在，他却想，如果有来生，他希望一生都在河合仙的身边，能够永远不离开她就好。他沉沉地睡去了，任由病痛慢慢夺去他的生命。也许是老天打算让他受的罪还没有受完，又也许是若子在天上的庇佑吧，半夜的时候，苏家老爷忽然出现在柴房中，命人将他抬了出去。

苏家老爷之所以会出现，是因为白天有人看到陈氏将苏戬拖进了柴房，那人发现苏戬的状态很不对劲，担心出什么事，就去告诉了苏家老爷。老爷虽然对这个孩子的出身颇有微词，但这毕竟是苏家的后人，含糊不得的，所以在训了陈氏一番之后，就带人去柴房找苏戬，果然看到苏戬已经气若游丝，奄奄一息了。

　　老爷找来大夫为苏戬看病。大夫在初步诊断了病情之后，告诉老爷，这孩子如果再晚半天就是神仙也救不活了。好在柴房里的棉被够暖，为他增加了活下去的机会，不然可能现在身体就已经冷了。大夫为他开了几味药，老爷则命人将这药熬好，并着下人喂给苏戬喝。

　　苏戬就这样在病床上躺了有一周之久，身体才稍有好转。这一次，他简直是在鬼门关转了一圈，连他自己也不相信自己竟然能活下来。不管怎么说，活下来了总是好事。往后的日子里，他又与大家一起坐马车去书塾。而从那以后，苏家也不敢再让他单独出门了，他算是多得到了一点关照，当然也是微乎其微的。

　　大病一场的苏戬仿佛是经历了一次生命，他仿佛一下子成熟了许多，他深深地记住了那些痛与挣扎，还有那柔暖的夕阳。他知道，未来的路，还会有更多的风雨，但是，他将义无反顾地一直走下去……

第 3 章

泪眼更谁愁似我

1 复杂家庭

只有真正经历过人生风雨的人才懂得，有些爱与恨，与对错无关。也许是错的缘分，就爱上了，也许是错的命运，便恨上了，苏戬所承受的恨正是如此。

陈氏对苏戬充满敌意，这也是必然的。因为在苏戬来到苏家后，她已经连着生了三个女儿，就是生不下一个儿子。嫁入苏家，却不能给苏家带来一个后人，凭什么享受苏家的各种优越待遇？更何况她只是一个妾？正因为她接二连三地生女儿，苏家二老对她也是颇有微词，明面儿上、私下里没少说她。所以陈氏在苏家也算是个受气的角色。

许久以来，郁闷堆积在了胸口，陈氏必须要有一个发泄口。她不能朝自己的亲生女儿撒气，自然只有拿这个曾经被挡在门外、如今却又被当做宝贝接回来的小子撒气了。若没有这个小子，她还只能算是无能，可有了这个小子，就有了对比，她在无能之上又多了个不如人的名头。甚至有时候苏家二老还表示后悔当初没有让若子进门，不然，说不定苏家还能再多两个儿子。一来二去，陈氏连死去的若子也恨上了，自然就更不可能善待苏戬了。

她把苏戬关进柴房，也并不是一时义愤之举。她也知道，就算苏戬死了，她只要说当初她把苏戬关进柴房时他还好好的，是进柴房后死的，那就不算故意害人了。更何况她还是苏家三个女儿的妈，苏家也不能把她怎么样。所以她的举动其实是真的想置苏戬于死地的。

说起来，若子就算没有死在横滨，如果当初苏家接纳了她，她大概也要死在苏家的。毕竟苏家这种环境，没个强悍的内心本就很难活得好，更何况她还是一个日本女人，生来就带着弱势。不过总算万幸，在经过了这一次事件之后，陈氏收敛了一些，苏戬的生命安全得到了保障。在后来的日子里，他每日同叔叔和哥哥们去书塾，一直都是相安无事了。

　　到了苏戬九岁那年，苏杰生从横滨回来了。他并不是风光地归乡，而是经营失败惨痛而归的。那时候世界格局动荡，经济也不景气，在日本做生意的他不但没得到多少好处，还因为错误的判断而导致横滨的生意再也做不下去。无奈之下，他只有带着苏家的人一起彻底离开了横滨，回到苏家。苏家虽然是大家，但是这些年来的收入主要是靠苏杰生做的生意。苏杰生生意失败归来，苏家就只能靠吃老本了。当然这都是大人的事情，是不需要小孩子操心的。

　　苏杰生回家后就找来了苏戬，他也想检验检验自己的儿子这两年在这边学得怎么样。他将苏戬叫到面前，问他："戬儿，这两年你在苏家待得怎么样？"苏戬想了想，说："一切安好。"苏杰生又问他："那这两年你在书塾都学会了什么？跟父亲说说！"苏戬便将在书塾学的东西跟他汇报了一下。苏杰生出了几个问题考他，他也是对答如流。这让苏杰生很满意，他就知道自己这个儿子不是庸才。

　　吃老本的日子说好不好，说坏也不坏，因为虽说是吃老本，但是苏家的老本足够他们吃上一百年的。不用在外奔波，不用考虑经济状况，不用每天算计，苏杰生也乐得在家休个清闲。

而他的归来，对苏戬来说情况只有更加糟糕。因为不论陈氏、黄氏如何对他，他已早就习惯，习惯到可以不在乎了，但是苏杰生不同，对苏杰生，他心中是有恨意的。

好在上天在给了他一巴掌之后，又给了他一个恩惠。不久后，在外读书的苏家长子苏焯归来了。这苏焯不是别人，正是过去河合仙为苏家生下的儿子。想来也有趣，苏家不喜欢日本人，偏偏苏家的儿子尽是日本女人生的。苏戬早就知道自己有这个哥哥，他虽然不知道哥哥是怎样的人，但是既然是河合仙的儿子，就一定不会是坏人吧。所以，在苏焯归来的第二天，苏戬就破天荒地主动去敲响了苏焯房间的门。

苏焯打开门，看到这个小自己很多岁的弟弟，立刻将他让进屋内来。他知道这个小弟弟的事情，也听说过他在日本一直是河合仙在养育着。比起自己，这个弟弟其实倒是得到了更多的母爱了。苏戬走进门，苏焯为他倒了一杯茶。苏戬想说什么，但又不知道该说什么好。苏焯让他坐，他就坐下了，为他倒茶，他就喝了，进屋之后甚至没说一句话。苏焯坐下看了看他，笑了起来。

"母亲……在那边怎么样？"苏焯先开口问。苏戬摇了摇头，说："我离开的时候，她身体还好，现在不知道情况如何，我写过一些信过去，但是始终没有接到回信。"苏焯点了点头，苏焯明白，也许是那些信根本没有被寄出去，也许是寄出去了，河合仙的回信又根本到不了苏戬的手中。因为苏家不会让自己家的孩子跟一个日本女人来往过密的。对苏家的种种，苏焯早已看得多了，甚至已经麻木了。

苏焯抬起手，摸了摸苏戬的头，关切地说："你这几年过得一定很辛苦吧。"苏戬看了看他，鼻子一酸，点了点头。苏焯叹气说："苏家就是这样的，我也和你一样，你经历过的一切我都曾经经历过。但是一切都会过去的，只要长大就好了。你看，你看我现在不是活得好好的？我不但会活得好好的，将来我还要整个苏家都依赖我，到那个时候，就再也没有人敢欺负咱们了。"苏戬点了点头，说："母亲看到你现在的样子一定很高兴。"苏焯微笑，没有多说什么，他也不知道今生是否还有机会看到母亲。

苏焯忽然问苏戬："弟弟，你平时有没有去附近的山上玩过？"苏戬摇了摇头，他每日里都是待在书本中，从没有人带他玩，他哪有机会出去玩呢？于是苏焯拉起他的手，笑着说："哥哥带你去玩，去山上看看天，看看树，看看花草，你说好不好？"苏戬自然高兴，忙说："好！"苏焯又摸了摸他的头。这个小弟弟怕是他在苏家最亲的人了吧，他们都是中日混血，有着同样的出身和几乎同样的经历。他很希望苏戳能够少受些苦，能够多得到一些关怀，至少比自己当年能好过一些。

吃过早饭后，苏焯就带着苏戳离开苏家，一路奔跑来到了附近的小山上。这是苏戳来到苏家以后，第一次在户外玩得这么痛快。他们爬到山上，一会儿爬树，一会儿看花，不亦乐乎。苏戳不小心踩到一个石子，差点跌倒，好在苏焯手疾眼快，一把将他抱起来。"小心啊，弟弟，如果跌倒了，头磕在石头上就糟了！你身体不好，可千万要自己多留心啊！"

苏戳忙点头，他的眼眶有些湿润。这些年来，苏家人对他几乎是不闻不问，从来没有人会主动关心他。当他跌倒了，不论腿上手上受了多重的伤，也只能是自己挣扎着爬起来，当他病了，也只能是自己去找大夫开药，然后去陈氏那里领药钱。这几年下来，他早就学会了自强自立，早就学会了如何自己照顾自己。如今，这久违的呵护出现在他的身边，他简直是受宠若惊了！

苏焯见苏戳眼中有泪，更是惊慌，忙问："怎么了？还是磕到了吗？"苏戳摇了摇头，"哥哥，你对我真好……"苏焯笑了，"我是你大哥，我不对你好谁对你好呢？我看你总是一副心事重重的样子，这可不应该，这种表情不应该出现在你这个年龄的人的脸上。如果可以，我真想一直留在苏家，让谁也不敢欺负你。"苏戬惊讶问："你不会一直留在苏家吗？"

苏焯摇摇头，"我这次回来待不了多久就要走了。去哪里我也不知道，家里好像要安排我出去学经商，以后接管苏家的生意。"苏戬的眼神立刻黯淡下来。其实哥哥能出去学经商是好事，他应该支持的。只是……只是为什么关心他的人总是不能在他身边多做些停留呢？为什么幸福总是匆匆而来，匆匆而去呢？

苏焯看出弟弟的心事，笑着摸他的头说："傻瓜，就算我出去了，我也永远都是你大哥啊！你放心，以后如果我能自己经商了，就把你也一起带去！"苏戬这才转悲为喜，"说话要算数！""放心吧！"此时已经是下午，天微微转凉，两个人玩累了，就躺在草地上，透过树木间的缝隙看天。大自然的景色永远是最优雅最精致的画卷。苏戬很喜欢这样安静看着天空的感觉，阳光从枝叶间透过来，形成一道道的光束，洒在身上让人心生圣洁之感。比起红尘俗世，这超脱红尘的味道更让苏戬向往。

他们一直玩到天黑才回家。苏焯在家里的这段期间时常带苏戬出去玩，这让心情阴郁的苏戬变得开朗了许多，身体也好了许多，至少不会动辄得病了。可惜好景不长，数月之后，苏焯就被送到了横滨学习经商。苏焯没有想到自己去的地方竟然会是横滨，这也让苏戬十分羡慕。因为到了横滨，就意味着可以与母亲团聚了啊！可惜苏戬却不能同行，不过苏戬很快也不会留在苏家了，在不久之后，他也面临了另一场远行。

2 离乡进城

正所谓商人也爱权，官人也爱钱。当时，当官的人若是自身不那么高洁清廉，总希望通过自己的权力，利用各种手段为自己谋求钱财；而商人钱赚得多了，就希望通过自己的钱财为自己谋个一官半职。当官的为了钱出卖权力，商人为了权力交出金钱，这是一桩两全其美的龌蹉交易，即便有许多钱权两空的前车之鉴，当时仍然有人对此交易乐此不疲，甚至成了官场和商场上的潜规则。

苏家是靠做生意起家的，与当时的商人一样，钱赚得多了就开始想要权力了。要想得到权力，苏家就得花大价钱打通官府关系，疏通各个渠道，以便让自己家的人被安排到官场中去。这说白了，就是买官，只是当官的不会说自己是卖官的而已。所以，在苏家来来往往的，不光是做生意的人，还有各种官场上的各怀私心的人们。苏戬在苏家看透了商家的尔虞我诈，也看透了官场上的各种黑暗。世界丑陋的一面如画卷一般一点点展露在他的面前，让他窒息。

后来苏戬发现了一个可以逃避那不堪忍受的世俗的地方，那里没有虚伪的笑容，没有铜臭的味道，没有谄媚，没有龌龊，那里只有青灯古佛，只有暮鼓晨钟。那里离苏家比较远，也是苏戬偶然发现的，那就是寺庙。当苏戬踏进寺庙的门，他发现，原来这里才是他许多年来寻求的清静之地。

那一年苏戬 12 岁了。12 岁这个年纪，说大不大，说小也不小。对早熟的孩子来说，12 岁已经是可以恋爱的年纪了。在一些偏远的地方，12 岁的女孩子已经嫁人生子，为人妇了。12 岁的孩子，虽然对世界看得仍然不透彻，但自己已经很有想法，已经想脱离大人的束缚，独立自主。苏戬本就心思聪慧，再加上他的成长环境，所以 12 岁的他便已有看破红尘之意，打算远离尘世，投身佛门了。

　　所以在一个天气不错的日子里，苏戬只身来到那寺庙，找到了当地的主持和尚，并说明了来意。主持大师看着这个说话声还很稚嫩的少年，就问他："你说你看破了红尘，那我问你，如果有女孩子喜欢亲你抱你，你会不会拒绝呢？如果有好吃的肉菜摆在面前，你会不会吃呢？或者，如果有人惹你生气，你会不会动怒呢？"

　　苏戬愣住了，他只是向往寺庙的清静，没想到还得面对这么多事情。他想了想，没有回答。主持大师笑道："看来你现在六根还没清静，还没想通呢，等你哪天想通了再来这里吧！"苏戬觉得很是挫败，他没想到这唯一一个让他有好感的地方竟然也有那么多规矩，竟然也那么难加入其中。于是这一天，他悻悻地离开了那里。

　　回到家后，苏戬独自躺在床上，思索着主持大师的话。"如果有女孩子喜欢亲你抱你，你会不会拒绝呢？"苏戬已经12岁，对男女之事已经有了懵懂的想法，他的确是对女孩子开始有了些期待的，只是那又如何呢？他能给对方带来怎样的命运呢？如果他继续待在苏家，那女子面临的命运也许会和他的母亲一样悲惨，那他岂不是害了人家？至于吃肉动怒等，都不是必须有的东西。本来苏戬这些年吃得也没有多好，不还是活下来了？就算吃得脑满肠肥又有什么用呢？不过是如那些贪官污吏那样活得极其难看罢了。至于动怒，如果能让自己心如止水，也没有什么做不到的。

于是第二天，苏戬打定主意，再次来到寺庙，来到那大师的面前，斩钉截铁地告诉大师："我的六根已经清静了。我只想出家当和尚。"大师见此，也不多说什么，就把他留在了寺庙。这大师是一个得道高僧，平日里活得清静平和，让人如沐春风。苏戬跟他在一起诵经念佛的时候，心中也变得开阔许多，宁静许多。每日看着云起云落，看着花谢花开，他觉得自己仿佛真的远离了红尘。

然而他毕竟只是一个 12 岁的孩子。他在寺庙仅仅待了一个多月，就因为偷偷吃了鸽子肉而破戒。主持大师早就料到会有这一天，一开始他不点出，是希望让苏戬自己体会出家与凡俗的区别，若是苏戬真的有佛缘，他就能适应出家的生活，若是他六根还未清静，待不小心破了戒，他自己也就明白了。所以大师微笑着将他送出了寺庙。无奈的苏戬只有远离那青灯古佛，再度赶回家中。

虽然此次出家未成，但苏戬与寺庙从此结下了不解之缘。

那之后，苏戬一直没有放弃出家为僧的愿望，只不过他的情感太深，对这尘世的各种爱太让他难以割舍，所以他总是不能彻彻底底成功出家。但也正是因为这样，才造就了他半身尘世半身僧的性格。也许所谓出家本就不该有绝对定论吧。有时候人也不过是一脚在红尘之中，一脚在九天之外的。

虽然不能待在寺庙了，但是他待在苏家的日子也快到头了。因为不久后，他就接到了父亲苏杰生的来信。苏杰生并没有一直待在苏家，而是在几年之后就只身来到上海闯荡。那个时候，上海是个黄金遍地的地方，只是这些黄金并不是谁都能捡起来的。当时许多有点家底的人都会去上海淘金，希望能出人头地。当时苏家已经有些末落，为了发展苏家，苏杰生决定在上海从头开始。他在上海待了几年，站稳脚跟之后，就写信让儿子苏戬过去。

对于上海，苏戬只是听别人说起过，他知道那里是个繁华的大都市，是个十分漂亮的地方。可是那又如何呢？横滨也是很漂亮的，还不是成为了母亲的伤心之地？城市的繁华从来都是与他无关的，因为不论他走到哪里，他都是单独的一个人，无人爱怜。

他的上海之行是与姑母同行的。这是他人生中的第二次迁徒。第一次他与黄氏坐船离开横滨来到广东，那时在他身后，是母亲的肝肠寸断，是他一生也难以割舍的牵绊和亲情。而这一次在他身后的，只有一个仿佛没有生命一般的苏家。那里没有他的牵绊，没有他的情。自从离开横滨，不论身在何处，都是他的异乡。

上海是一个多情而又无情的城市。在那里，有许多男男女女的浪漫故事，也有当面情深，转身数钱的青楼凉薄。这城市看起来繁华，内里却充满了各种残酷而残忍的真相。苏戬来到上海，虽然这个大都市让他大开眼界，却并没有为他带来多少欢喜，相反，他觉得难受，觉得心乱如麻。他讨厌这种感觉，他需要安静。广东的家乡虽然无情，却也能给他一份安宁，到了这里，连这仅有的安宁也没了。

姑母带着苏戬来到苏杰生居住的地方。苏杰生此时正与陈氏和三个女儿居住在一起，苏戬来了，自然是直接交给陈氏照应。好在苏戬这时已经不是小孩子了，就算不给他饭吃他也能自己想办法弄吃的，所以他已经不再害怕陈氏。苏杰生此时正在上海与洋人做生意，他这次让苏戬来也是为了让他在这边好好学习英语，方便日后和洋人直接交流。所以苏戬一来，他就托人到处打听，寻找合适的老师教授儿子外语。

在上海，每天虽然早餐、午餐随便些，但是晚餐大家都是围坐在一起吃的。苏戬第一天到上海的时候，苏杰生和陈氏及三个孩子，加上姑母和苏戬都围坐在苏家的圆桌旁，可是准备碗筷时偏偏少了一副。

"怎么会少一副呢？"苏杰生有些不高兴地问。陈氏无奈地回答："哪里知道呢？家里只备了这些碗筷，没有料到会这么快填张嘴，所以没能及时添置碗筷，这也是没办法的。""你这样让我们怎么吃饭啊，都是家里人，还能让谁不吃饭啊？"苏杰生埋怨说。陈氏十分无辜地说："那怎么办呢？这么晚了，你不会让我现在出去买碗筷吧！"说话间，她的目光瞄了瞄苏戬，眼神里满是不善。苏戬明白她是什么意思，他本不是喜欢惹是生非的人，于是他主动站起身来，"我刚到上海，水土不服，也吃不下，父亲、姨娘、姑母，你们吃好。"说完，他离开餐桌，回到自己的屋子去了。

陈氏很满意，她发现许久不见，这个孩子长大了，也懂事了，至少不会让她心烦。而且这个下马威的效果还很好。本来她最担心的就是苏戬到了上海会伺机报复她，看起来情况并没有她想得那么坏。

充满仇恨的人心中，一定也是藏着诸多的不幸的。其实陈氏也是一个可怜的女人。她因为生不出儿子，每日里战战兢兢，生怕哪天自己就会被苏家遗弃。没有儿子就意味着失去了保障，将来女儿们都出嫁了，她孤老在苏家连个依靠也没有了。所以现在她必须时刻巩固自己的地位，每一日都是如履薄冰。而正因为她的可怜，才造就了她的可恨。这世上有些人因为可恨而可怜，也有些人是因为可怜而可恨。其实他们都不过是命运手中的玩物，都是悲惨地被人把玩的玩具。这个时代的封建思想，是所有人命运悲剧的根源。所有的悲哀，皆源于内心的自我束缚。

3

可怜之身

上海与横滨有所相似，却又并不相同。相似的是表面上的繁华，各种来来往往的匆忙生活的人，不同的是上海更加热闹，也更加混杂。那时候的上海就如同一个大杂烩，俗气的商人，高雅的文人，都能在这里找到自己的一席之地。然而，这里却没有苏戬渴望的去处。

苏戬初到上海，苏杰生还没有找到合适的可以教他英文的老师，他就只能是闲待在家里，偶尔出门逛一逛这个大都市。

苏戬发现在附近有一个大教堂，那里据说是一个与寺庙有些相像的地方。他就选了一个阳光明媚的日子，只身来到教堂。那座教堂是欧美式的，与中国的寺庙有一种异曲同工的美感和庄严。苏戬走进去，看到许多虔诚祈祷的人。他也像模像样地学起了他们的样子，认真地祈祷。然而，当他双手握在胸前，闭起眼睛的时候，却不知道要祈祷什么。

是祈祷希望远在横滨的母亲幸福安康？还是祈祷能与母亲早日团聚？如果他虔诚祈祷了，眼前那个被钉在十字架上的男人就真能保佑他们吗？苏戬想起，自己也曾经跪在佛祖面前替河合仙祈福，不知道佛祖是否听到了他的诉求，是否真能将他的祝福传递到横滨去。如果他现在再来求耶稣，佛祖是否会生气呢？如果佛祖和耶稣真的是天底下最无私，最大爱的人，那他们一定不会生气吧。

于是苏戬就这么认真地祈祷起来，想起河合仙，他的心中总是不能平静。尽管分离了这样久，他仍然很容易就被思念的情绪淹没了。这世上，也只有这一个人让他思念，让他惦记了。不知道再相聚还要等到何时呢？会不会还未到那一天，自己就先死了呢？还是不要，就算是死，他也要死在母亲的身边才好呀！

离开教堂后，苏戬觉得自己的心情好了一些。看到街上的车来车往，人来人往，苏戬忽然觉得，自己仿佛不属于这个世界的。虽然不断有人在他身旁穿梭，但他总觉得自己与他们是不在一个空间里的。他是孤独的，没有人看得到他，如果他大喊，可能也没有人会听得到他。每个人的脸上都是风尘仆仆，谁会在乎一个毫无关系的路人呢？

苏戬有些迷茫了，他往家的方向走去，途中，他看到一个乞讨的小男孩正在街边安静地坐着。男孩的面前放了一个破碗，碗里有点零钱但是不多。那小男孩脸上脏兮兮的，表情有点腼腆，又有点倔强。他看起来和其他街边乞讨的孩子不同，他太安静了，安静得让人心疼。苏戬走到他的身旁，掏了掏衣服。他并没有什么钱，平时的花销都是家长在管，虽然每个月会给他一点零花钱，但那是很少的。到了上海之后，陈氏更是完全不给他零花钱，在陈氏的眼中，给他饭吃已经是最大的恩惠了。

苏戬找了很久，终于在裤子的兜里找出了一个铜板，这也不知道是什么时候留在裤子里的。他高兴地把钱放在那男孩面前的碗里。男孩朝他鞠躬，并说了声"谢谢"。苏戬心中好奇，他也不知道为什么，对这个小男孩特别在意，他很少对什么事情是如此在意的。苏家的人都说他无情，说他不懂感恩，只有他自己知道，那是苏家对他苛刻在先的。但这个男孩却不同，他一看到这个男孩，就觉得这男孩身上有自己的影子。

苏戬蹲下身问男孩子："我看你不像是生来要饭的，你是发生了什么事吗？"男孩子看了看他，只是冷冷地说："就算我说了，你也不会相信的。"苏戬却摇摇头，说："我相信你。"男孩子还是冷冷地，"不，你会觉得我是故意编故事骗钱的。""就算是故事，我也想知道，你就当给我讲了个故事吧。"

男孩子想了想，于是说："我家里本来是很有钱的。我爸爸……呸！那个生了我的男人是做生意的，很有钱，我母亲也对他很好。可是后来，那个男人在青楼里认识了一个女人，那个女人要他赶走母亲，自己住进家里来，他就同意了。我不愿意，跟他吵，他就把我也赶了出来！现在我跟母亲相依为命，母亲被那个男人气得生病了，现在卧在病床上不能动，我只能出来要饭，才能买些米粮给母亲做些吃的。"

听了男孩子讲的话，苏戬心中难过极了。为什么这世上要有这么多可怜的人呢？难道老天折磨他一个还不够吗？可惜他身上也没有钱了，不然他是多么想帮帮这个可怜的孩子，和那个可怜的母亲！男孩子看了看他，问："你真的相信我的故事吗？"苏戬点了点头，说："我相信。""那谢谢你了。"苏戬想了想，他从脖子上摘下一块玉，这块玉是祖母送给他的，他将玉交给男孩子，并说："这块玉大概值些钱，你拿去卖了，给母亲治病吧。"

男孩子惊讶地看着他，许久，男孩说："你就不怕我是编故事骗你的吗？他们都是这样编故事骗人，让人给钱的！"苏戡摇了摇头，说："我知道你不是在编故事。"男孩问："为什么？"苏戡说："不为什么，就是相信。"苏戡其实知道为什么，因为他懂得男孩子的眼神，懂得那种悲伤，和无能为力。这种感觉只有亲身经历过的人才知道。

男孩子接下了那块玉，感激地朝苏戡磕了三个头。男孩的心被苏戡打开了，他哭了出来："为什么，为什么母亲的命那么苦啊！为什么会有那么狠心的男人啊！他过去对母亲那么好，怎么说翻脸就翻脸了呢？！我前两天还看到那个男人开着车，车旁坐着那个女人，女人穿得那么漂亮……那个男人是真的完全忘记母亲了呀！"

苏戡上前抱住他，他知道男孩的心痛，更知道男孩的无能为力。这世上总是有许多不公平的故事，有许多可怜的人，而偏偏不论他们怎么努力，都抗争不过命运，最终只能无奈接受老天的安排。如傀儡一般，上演着一幕幕的悲情的故事。男孩在苏戬的怀里哭泣着，这不过是一个可怜的人与另一个可怜人的相拥。他们除了互相安慰之外，是别无他法。现实并不是故事传说，不会有一个大侠从天而降，收他们为徒，让他们变成武林高手，更不会出现什么神仙，给他们百万黄金，让他们去照顾自己最爱的人。在现实中，他们能做的，除了挣扎，也只能是哭泣了。

哭过了，痛过了，也就罢了。之后，他们仍然要继续各自的人生，谁也拯救不了谁。自身尚且难保，哪里还能去帮助别人呢？痴心妄想罢了。这样的无奈，这样的无助，一生平安幸福的人又如何能理解呢？不仅仅是苏戬，不仅仅是这个男孩，哪怕陈氏也是一样，他们都是不幸的人，他们永远都无法露出平凡幸福人家的最简单的笑容。他们渴望的幸福，被时代卷走。后来，男孩带着那块玉去玉石商场了，苏戬只希望商人们能对这个男孩宽容些，多给他些钱，也不用太多，只要够他医治好母亲的病就够了。而苏戬，则是继续走回家，走回那个毫无亲情的冰冷的家中。回到家中，苏戬就对上了怒气冲冲的陈氏。"你到哪里去了？出去前为什么不说一声？"陈氏怒问。苏戬当然知道这不是出于关心，他淡淡答道："我去外面散散步，透透气。""透气？"陈氏冷笑，"你的意思是这家里让你喘不过气来吗？既然这样你为什么要来呢？为什么要来破坏我们平静的生活？你不能回广东老家去吗？听说你还要出家，上海也有寺庙，你就去出家啊！家里本来就没钱，你不知道你来了之后家里多了多少开销吗?!"

对于她，苏戬只是默默受着。他已经习惯了，对此太过习以为常，以至于不论陈氏说得多么难听，都激不起他心中的半点波澜了。对于家，对于父亲，对于姨娘，他的心早已麻木。

陈氏在发泄一通，并做出不许他吃晚饭的惩罚后，才让他回到屋子里。苏杰生在上海闯荡，时常几天不回家。家里自然是万事由陈氏说了算。而苏戬经过上次差点被陈氏关在柴房弄死的事情之后，他在陈氏面前总是小心翼翼，生怕一不小心说错什么做错什么又会遭到厄运。当然，不吃饭这种小事倒没什么，他还可以承受。只要别像上次那样，让他那样无助，连爬起来的力气也没有了就好。

虽然已经是尘世中的可怜人，苏戬只想让自己不会变得更加可怜而已。如今，命运里的凄风苦雨，他已经渐渐学会了如何承受。是成长，亦是无奈的坚强。

第 *4* 章

江南花草尽愁根

春风如画

1

　　时光辗转，苏戡只是漂浮在繁华的上海里的流萍，静静地等待着未来的命运。

　　经过了一段时间的寻找，苏杰生终于为苏戡找来了可以教他英文的老师。那是一个西班牙人，名叫庄湘。那个时候人们要在国与国之间穿梭并不像现在这样关卡重重，所以那时的上海有许多外国人，有些是来做生意的，也有些是来传教的。庄湘是一个文化底蕴很深的人，苏杰生选择他，不仅仅因为他外国人的身份，也因为他在文学方面的建树。如果能够得到他的亲传，那么苏戬不但能学好一口流利的英文，还能增加文学造诣。

在教育苏戬的问题上，苏杰生算得上是一个好父亲。虽然苏杰生也有光耀苏家的意图，但不管怎么说，他对苏戬的培养还是让苏戬不至于成为平庸之辈。若是没有他的培养，后世也不会有人知道 19 世纪末还有一个名叫苏曼殊的传奇人物了。

苏戬第一天被带到庄湘的家里时，就被庄湘家中的环境吸引了。庄湘的家是典型的西方绅士家庭，他的家中有一个大大的书架，散发着淡淡书香。与热衷做生意的苏家不同，庄湘家里到处都充满了文化的气息。他家的墙上挂着西方的油画，苏戬第一次看到这种画。从前他看到的只有山水画，几笔勾勒便成风景，西方油画则不同，这种画采用了厚厚的油彩，浓重涂抹着，将每一个细节，画面的深浅层次都描绘出来。如果说国画注重的是意，那么这种油画则注重了形，别有特色。

苏戬目光的变化很快被庄湘捕捉到了，他看出这是一个很有天分孩子，如果加以培养，日后定能成才，他十分高兴地收下了这个聪慧的学生。苏杰生向庄湘交代了一些事情，接着就离开了庄家，将自己的儿子彻底交给了庄湘。庄湘发现苏戬看油画看得入了神，于是也不打扰，悄悄去旁边冲咖啡了。苏戬直到闻到咖啡的香气时，才回过神来发现父亲已经走了，而庄湘正微笑看着自己。

苏戬的人生说来也有趣。别人都是对家人亲，对生人警惕，苏戬偏偏相反，他只有在面对家人时才会警惕，当看到生人，他反而会放下警惕之心，变得轻松起来。他对庄湘说："先生，你家挂的画真好看。"庄湘笑着问："看来你对画很有研究？"苏戬摇摇头，"我不懂，我只是觉得。""天然的感觉和喜爱才是艺术的源头，看得出你很有艺术天分。如果你喜欢，每天可以在我的家里多待些时候，我家有很多书，绘画方面的也有不少。""那实在是太好啦！"苏戬十分高兴，仿佛发现新大陆一样高兴！他忽然觉得，在上海这个城市里，终于有了让他喜欢的地方，心情也忽然明朗起来。

"不如先来尝尝我泡的咖啡吧。"庄湘笑着说。苏戬来到沙发前坐下，看着那个散发着清香的黑乎乎的东西，问："这个就是咖啡吗？我听人说过，但是没喝过。""哦？你父亲不喝咖啡吗？"苏戬摇头，"父亲只喝茶，我们家里都是喝茶的。"庄湘笑了起来，"哈哈，这就是东方人与我们西方人的不同了，我们西方人特别喜欢喝咖啡，来，既然你没喝过，那就尝尝！"

苏戬也不客气，端起桌上的咖啡喝了起来，才喝一口，他就皱起了眉头。庄湘哈哈大笑，"哈哈哈！看来你的确是没喝过啊！"苏戬不解地问庄湘："先生，原来咖啡是这么苦的东西，可是为什么闻起来却很香呢？""这就是咖啡的魅力啦！你尝起来虽然觉得苦，但是苦的后面有着浓厚的香。这就好像你们中国人喝的茶，有的茶尝起来也苦，但苦后面藏着清香。咖啡与茶的区别就是，一个厚重，一个清淡。"苏戬点点头，他没想到这个洋老师对中国这么了解，而且见解也很深刻。的确，适才品尝后，仔细回味，这咖啡的苦味后是有种发腻的香气的，但茶却不同，茶香清如水，咖啡浓如油。有人喜爱咖啡的浓，也有人喜爱茶的淡。至于苏戬，他觉得两者都很好，但若要比做人生的话，他还是想要一个茶香一般的人生。这是一个十分愉快的会面。庄湘谈吐不凡，与苏杰生那样的生意人相比，苏戬更喜欢庄湘这样很有文学素养的人。才见面不久，苏戬对眼前的人倍感亲切。一杯咖啡终了，苏戬仿佛经历了一次由苦到醇的人生。不知道现实的人生会不会也能如这咖啡一样，在苦过之后，给他一缕醇香。

苏戬来到庄湘家的第一天，庄湘并没有正式教他英文，而是给他讲了一些西方的习俗，以及世界的格局。他告诉苏戬，现在西方国家对中国虎视眈眈的原因，一方面是因为西方国家近百年的飞速发展，另一方面则是因为中国的落后。强国攻打弱国，夺占弱国的土地，虽然是非正义的，但却是不可避免的。其实国与人不同，人在行为处事上总有道德的约束，国却不是，国家是不需要道德约束的，国家之间的所谓信誉不过是权衡利弊。一旦哪个国家变得足够强，强到可以不受其他国家的制约，就会开始发动侵略，占领其他国家的土地；而如果哪个国家发展缓慢，变成弱国，就要面临被强国瓜分的危险。

　　"听起来像强盗的逻辑，是吧？"庄湘笑着问苏戡。苏戡点了点头。"但是你想，"庄湘又说，"强盗们犯了错，有官府去管，官府犯了错，有更大的官府去管。天皇老子犯了错，有起义的百姓去管。但是国呢？国犯了错，除了比它更强大的国家，谁又能管呢？若是没有比它更强大的国家，又有谁会管呢？"苏戡沉默了，他这才明白，原来只要没人能管，就可以不顾任何道义，就可以无法无天了。

　　庄湘说："所以，作为一个国家，若想不被列强瓜分，就只能从内部强大起来。我看现在中国有很多有见识的人，看起来崛起的日子也不远了。只是到时候又会有一番动乱了。"苏戡心中却想，国与国不论如何争斗，如何动荡，到头来受苦的不过是平民百姓们。现在很多的中国人对外国人都是怀有恨意的，但是外国人也有庄湘这样和蔼的先生，也有河合仙那样可怜又可爱的女人啊！

这时，庄湘忽然问苏戬："你呢？你日后想要做什么呢？"苏戬想了想，发现这个问题竟难以回答。而浮现在他脑海中的第一个画面，竟是寺庙里一个和尚敲钟的场景。他脱口而出："我想出家当和尚！"庄湘一愣，继而哈哈大笑，他只当这是小孩子的无心之说，他并不知晓，这是苏戬最原始的愿望，甚至是他一生的追求。庄湘问他："你就不想成为一个有用的人，为这个岌岌可危的国家贡献一份力量吗？"苏戬觉得有些惭愧，但他的确没有那么高尚的情操。他觉得，国家也好，家族也好，都不过是虚幻的影子，都是没有意义的，内心的宁静才是真正的归宿。只是这样的想法连他自己也觉得太不够热血了。

"看来你现在对中国的现状还没有足够的认识啊！没关系，以后我都会讲给你听。如果你喜欢看书，也可以通过我家的这些书本来了解。你的父亲把你送过来学英文，不过我觉得你可以先了解一下欧洲的这些国家，这样对你学习语言会更有帮助。"庄湘说。苏戬点头。就这样，庄湘又给他讲了很多英国、法国那边的风土人情，听得苏戬十分入神。直到傍晚，快到吃饭的时候了，苏戬才想起该回家了。

"在我家吃就好啦！"庄湘挽留他说。苏戬有些犹豫，毕竟父亲并没有说自己可以在先生家吃饭，如果做错了闹不好又要遭到陈氏的责备。庄湘笑着说："你放心吧，我会给你父亲打电话告诉他！你也尝尝我们西方的晚餐口味！""那就多谢先生了！"苏戬很开心。

　　在饭桌上，庄湘又对苏戬讲了许多。大概庄湘也是太久没遇到这样的孩子了，他的话匣子一被打开就合不上，一直说个不停。苏戬被他引得话也多了起来，他们如同两个老朋友一样开心地交谈着。交谈过程中，苏戬偶尔也会冒出一两个英文单词，这让庄湘十分惊讶。庄湘惊奇地问他："我记得你父亲对我说过，你完全没有任何英文基础，你的这些词是如何学来的？"苏戬纳闷庄湘的疑问，说："这正是之前先生提起过的啊。"

　　庄湘有些愣住了，他知道这是一个很聪明的孩子，但他没想到这孩子竟然这么聪明！那些词汇他只是一带而过的，因为他知道苏戬听不懂，所以他也没有着重使用英文单词，没想到只是提过一两次就被苏戬记住了，而且发音还那么准确！庄湘哑然失笑，他问苏戬："我说，过去的十几年里，有没有人说过……你是个天才？"

苏戬腼腆地点了点头，"小时候有一个人说过，那是我的母亲。"庄湘笑着拍他的肩说："你的母亲并没有说错！你是一个了不起的天才！简直太了不起了！你这样的才能如果不加以使用，那就暴殄天物！不过你放心，我一定会用心教导你，至少不埋没你的才华！"

庄湘并没有说错，苏戬的确是一个非常有才华的人。如果他不是有那样不幸的人生，也许他就不会一心归佛，也不会年纪轻轻就死去，也许他会有更大的成就。只可惜，命运不会给他这样的也许。上天在赐给他惊人才华的同时，也夺走了他的平凡幸福。

2
书海徜徉

由于苏戬天生聪慧，所以学得很快。庄湘遇到这样聪明的学生更是异常高兴。才一个月，苏戬就已经完成了基本的英文入门，接下来就是增长他的词汇量和阅读量了。庄湘喜欢诗歌，就选了一些西方的英文诗歌教给苏戬，其中最多的都是英国诗人雪莱的佳作。雪莱的作品浪漫而优美，读起来让人口齿生香。这段学习英文的日子对苏戬来说与其说是学习，不如说是在享受了。

第4章
江南花草尽愁根

　　那是一段不错的日子。清晨，阳光斜斜地洒入庄湘的客厅，将客厅内的那些安静的摆设都变作了金黄色，更为这房间增添了一份柔情和浪漫。西方古典的花瓶静静立在书架上，仿佛在讲述着它与花儿们的美丽故事。这是一个如童话一般的客厅，苏戬坐在椅子上，轻声读着那些雪莱的诗句。在这之前，他从来没想过世上竟然还有这样优美的文字，原来文字还可以被这样运用，这样书写，这也让他心中生出了新的想法，他也想用自己的文字来书写自己心中的各种情怀。

　　苏戬本就有天分，在阅读的过程中，他在心中也勾勒出了一些独属于他自己的句子。这椅子坐起来十分舒服，这是庄湘的摇椅，因为庄湘要出门办事，所以留苏戬自己独自待在这里。虽然与庄湘交谈让苏戬很愉快，但是苏戬更享受这样独处的时光。阳光洒在他的身上，让他觉得暖暖的。这天他穿了蓝色的布衫，这布衫虽然不是什么名贵的料子，但是在阳光的照射下，显得十分干净飘逸。

　　连苏戬自己都没有注意到，此时的他，已经出落成一个十分俊美的男子了。虽然他还没有长成如父亲那样成熟，但是此时此刻，他已经足够吸引那些年轻女孩的目光了。苏家的男人长得都很漂亮，也许正是因为这样，才让苏杰生做出许多荒唐事来吧。当然，有了苏杰生的前车之鉴，今生苏戡是无论如何也不会做出辜负女子的事情来的。

　　就在这个时候，或许又是命运的安排，苏戡在读过一个非常温柔的句子之后，将头从书本中抬起，无意中抬头一瞥，却见到一个美丽的金发少女正从楼上走下来，眼睛一直在注视着自己。苏戡简直怀疑这莫不是书中的美人来到现实中了！这女子实在太过美丽，太过完美，完美得令人窒息！他们就这么彼此注视着，直到女子来到了苏戡的面前。

　　"你就是苏戡哥哥吧。"女子笑着说，她笑起来比春花还要美丽，让人甚至忘记了思考，"我知道你，父亲很喜欢你。你好，我叫雪鸿，我的父亲就是你的英文老师！"雪鸿大方地伸出手，苏戡知道这是握手礼，于是伸手与她相握。雪鸿呵呵笑起来，说："看来你还没有学会绅士之道嘛！不过没关系！我刚刚听到你读的诗，实在是太美了，就忍不住下楼要看看你！"

　　苏戡知道庄湘有一个女儿，只是他没有想到这个女儿竟然如此美丽。"我的确是苏戡，很高兴认识你。"苏戡说。雪鸿开心地说："父亲一直不让我出门，不让我和别人交往过密。可是苏戡哥哥明明是很好的人啊！"她是那样天真烂漫，好似能让人忘记人世间的所有苦恼。苏戡轻叹口气，说："你父亲可能是怕我把你带坏吧。"

"怎么会呢？我自从来到上海之后就很少见人，如今总算能有个人陪我说话了，我高兴还来不及呢，怎么会更坏呢？"雪鸿天真地说。苏戬哑然失笑，看来这丫头太过天真，没明白所谓带坏的意思。不过苏戬也不存什么坏心，就与她开心地攀谈起来。

正当他们聊得开心的时候，庄湘从外面回来了。他意外地看到女儿的脸上出现了许久不见的笑容，心中欢喜不已。看到庄湘，雪鸿连忙蹦跳着扑过去，"爸爸！苏戬哥哥在给我讲他在广东遇见的有趣的事呢！苏戬哥哥真是个好人，他给我讲了很多有意思的事情！"庄湘笑着抚摸她的头，"看来你和你苏戬哥哥很投缘啊！""是啊！而且苏戬哥哥也很喜欢雪莱，我喜欢的那些诗歌他都能背下来！""那还不是你爸爸的功劳！"

庄湘笑着来到苏戬面前，开玩笑说："没想到才半天工夫，你就和我的宝贝女儿成为朋友啦！我看你们都是很内向的人，没想到在一起反而多了很多话题！"苏戬微笑说："雪鸿姑娘天真烂漫，她的快乐正是我最向往的。"庄湘却说："嘿，你不知道，她来上海之后就没怎么笑过，我都怀疑她不会笑了！看来她快乐的源泉就是你啊！"

听到这话，苏戬心中泛起一阵波动，他看了看雪鸿，发现雪鸿也正在注视着自己。四目相对，雪鸿脸微红，低下了头，苏戬的脸也有些红了。庄湘看出两人之间的意思，也不点破。也是难怪，他们都是正当最好的年华，彼此情投意合倒也是情理之中的。而且两家门当户对，若是能快些结为亲家也是一番美事。当然，这也只是现在的想法而已，往后会怎么样，还要看两个年轻人的心了。

雪鸿的出现让苏戬对庄湘的家更加依赖。苏杰生看到苏戬每天往庄湘家跑得勤，加上听到他的英文说得越来越好，心下很是高兴，所以就私下嘱咐了陈氏不要对苏戬约束太严，小孩子喜欢在外面野并不是坏事。陈氏也乐得看不到苏戬，一切皆大欢喜。

其实苏戬的英文已经基本不用庄湘教授了，他去庄湘家，都是自己取书来读，那些美妙的诗句简直是世上最好的精神食粮。刚好那段时间庄湘比较忙，经常不在家，苏戬就与雪鸿一起读书，并相互交流读书的见解。他们不仅仅在家中读，有时候，苏戬会带着雪鸿走出去，去公园里，柳树下。苏戬对上海的交通已经十分熟悉，他很喜欢带雪鸿去公园，因为那里环境优美，而且没有人打扰。

第 4 章
江南花草尽愁根

公园里的花草如果有记忆，那它们一定可以编出这世上最美妙的爱情百科全集。因为这世上最唯美的爱情往往都是诞生于此的，当然，也有很多是在此结束的。人们在这世间是如此匆匆而过，只有山石草木永远在那里，安静地充当着一个又一个故事的背景，听着来自每一个人的内心低诉。苏戡与雪鸿两个躺在公园的草地上，安静地看着天空。这个地方十分开阔，在这里看天不会被建筑物遮挡。苏戡偶尔会说出几句中文的诗句，雪鸿听不懂，问他是什么意思。

苏戡笑着说："我也说不好是什么意思，只是我知道哪些句子比较快乐，哪些句子比较悲伤。""那么你呢？你心中的那些句子是快乐的还是悲伤的呢？"苏戡想了想说："大概总是悲伤的多一些吧。""我们刚刚见面时，你给我讲了许多快乐的故事。""是啊……"苏戡无奈地说，"大概我的人生中，也只有那一点点快乐吧，看到了你，就想把那仅有的快乐传递给你。"

雪鸿轻轻握住了他的手，在他耳边柔声说："那我现在想听悲伤的了。把你的悲伤的故事也告诉我好吗？我想了解关于你的全部，不论快乐还是悲伤。"于是苏戡开始讲诉他的故事，他并没有从自己讲起，而是从生母的故事讲起，他讲了一个负心的男人是如何辜负一个痴情女子的，又讲了一个伟大的养母是如何保护妹妹的儿子的。雪鸿听着听着，已经不禁泪流满面。

"你的故事太悲伤了，你母亲的故事也太悲伤了。为什么会有这么悲伤的故事呢？""也许是因为上天觉得给人间的幸福太多了，要用一些痛苦来平衡吧。""可是这样不公平呀！对承担痛苦的人来说太不公平了！""的确不公平，但是也总要有人承担呀！"苏戬笑着说。

"你太可怜了。"说着，雪鸿伸出手臂，搂过苏戬，想要用自己的怀抱来给苏戬多一些温暖。她也知道自己的温暖是微乎其微的，但是有总比没有好。这女子的拥抱让苏戬心中又泛起了一阵波澜，他想伸手回抱这女子，然而却发现自己无法做到。他担心，如果自己真的对雪鸿许诺了什么，若是无法实现又怎么办呢？他不能保证自己不会辜负她，所以一开始他就不敢迈出步伐。

雪鸿并没有理会他的忧郁，而是将他抱得更紧了。"苏戬哥哥，你的命太苦了。我真不知道该怎么安慰你才好。"苏戬笑着说："你不用担心我，我早就已经习惯了，现在我只希望在我的生命里不要出现更多的悲剧故事。过去的无法改变，但未来，我至少可以控制。"苏戬其实是想告诉雪鸿，他不会让自己重蹈父亲的覆辙，他不会在没有能力的时候就对雪鸿许诺什么。

当然，天真的雪鸿并没有考虑那么多，她只是温柔地说："你说得对，我们都应该努力减少悲剧的发生。"

快要天黑的时候，苏戬与雪鸿手挽着手把她送回家，到了家门口，苏戬让她自己回去，而他则直接顺路回家。雪鸿恋恋不舍地看着他，但也只能目送他离开。这一幕被庄湘看在眼里，他知道女儿对苏戬情有独钟，若是能促成这个好事，庄湘倒也是十分乐意的。

然而独自踏在归家路途中的苏戬心情却十分复杂，他又想起了那青钟古寺，又想起了那声声木鱼。他忽然觉得，自己的归宿本就不应在红尘之中，而应该在世俗之外的。是的，他的归宿应当是做一个敲木鱼的僧人，而不是成家立业，娶妻生子。确定了这一点后，他告诉自己，既然如此，就千万不能与任何女人有过于密切的联系。因为注定要成为僧人的他，对女人只能是辜负。他不想让任何女人重复生母的悲剧了。

3

思母心切

就在苏戬每天在庄湘家里快乐度日的时候，苏家老家忽然传来了老爷病重的消息。老爷病重，这对苏家来说是一件非常大的大事，所以苏杰生连忙带着陈氏赶回家看望父亲。临走之前，因为苏戬的学业不能中断，所以苏杰生便将苏戬留在他姑父的家里，让他姑父代为照顾。

而不论苏杰生不带苏戬回去的原因为何，苏戬都毫不在乎。他对那个大家族本来就是毫无感情的，就算告诉他自己在苏家的继承权被剥夺，他也丝毫不会觉得愤怒或者惋惜，因为在他的印象中，自己跟那个家族毫无关系，他在苏家不过是个寄宿的。他不想要苏家的一分一毫，所以也不想给苏家送去一分一毫的情感，哪怕他的亲祖父去世了，他也只能想到母亲去世时的孤苦和悲惨。

苏戬就这样留在了上海姑父的家里，在这里，他获得了更多的自由，并且认识了表哥林紫垣。林紫垣比苏戬大了不少，他的性情比较中庸，万事求稳。他很欣赏苏戬的才华，认为凭苏戬的天赋，日后要想光耀苏家是指日可待的事情。虽然林紫垣并非苏家人，但毕竟那是母亲的娘家，所以他对这个小表弟也是格外照顾。

林紫垣对苏戬与雪鸿之间的感情多少有些了解，他私底下劝过苏戬，要以学业和事业为重，不要把太多的精力放在女人身上。他自然不会了解，两个对诗歌都十分有见解的人，每天聚在一起不但不会影响学业，只会让彼此的学业更好。而且苏戬与雪鸿都不是那种会沉浸在爱情中忘乎所以的人，所以林紫垣的担心多少是有些多余的。

在姑父家里，苏戬偶尔会与自己的长兄苏焯通信，苏焯告诉苏戬，河合仙在那边一切都好，除了想他就没什么了，让他不要太惦记。这样的信只会让苏戬更加思念母亲，他恨不得自己能生就一双翅膀，飞到母亲身边为她抚平脸上的皱纹。恨不得能每时每刻与母亲在一起，去重温母子亲情。

一日在吃晚饭的时候，林紫垣提起打算去日本求学。那时候日本的教学质量很高，与中国的关系还没变得糟糕，离中国又不似欧洲那般遥远，所以中国许多有钱人家的孩子都会选择去日本读书。听到这个消息，苏戬的心都快要跳出来了，日本那是有母亲的地方啊！表兄就要去母亲所在的国家了！如果他也能同去那该多好啊！

于是苏戬终于不再沉默，在饭桌上，他忽然开口说："表兄要去日本的话，我也想去。毕竟那边的教育质量很高，如果去了那边学习，一定能学到更好的知识，我也希望自己可以早日成才。苏家现在的情况不是很好，如果我能早日光耀门楣，说不定能恢复家里往日的情景。"这是他第一次虚伪地隐藏自己的真实意愿，说些别人愿意听的话来提出要求。

果然，姑母听了他的话很高兴。姑母笑着说："本来我以为你这孩子没心没肺的，现在看起来还是挺懂事的嘛。我父亲去世了，哥哥做了这么多年生意又没什么起色，如果你能做出像样的成绩来，那当然是最好了！只不过如果你也跟你哥哥一

第4章
江南花草尽愁根

起去的话，家里不免要多出一份开销。不过我会和你姑父仔细商量的。"苏戬忙点头，"给姑母添麻烦了，但是我真的太想早日成才了。""我知道，你放心吧，我相信你姑父会同意的！"

这时候林紫垣也开口说道："如果表弟也去日本的话，我也可以帮衬一点。表弟是难得的天才，学什么都快。我也希望自己能有一个出人头地的表弟，往后我要做生意的话还能帮上些忙。"姑母于是接道："不过这件事总要跟你父亲商量了才能定下来。他这两天不在家，等他回家了再谈吧！"

不管怎么说，这事看起来是很靠谱的。苏戬心中别提有多欢喜了。一想到能与母亲见面，他的心就无法平静下来。不知道母亲变成什么样子了，这么多年不在她身边，她老了多少呢？自己现在到底算不算一个厉害的大人了呢？如果再见到母亲，不知道母亲对他会是失望还是满意。相信不管怎样，母亲都会一如既往地爱他的，因为那是自己的母亲啊！

之后的日子里，苏戬连走路时都快要跳起来了。当他来到庄湘的家中时，庄湘明显看出他与往日的不同，庄湘好奇地问："是遇到什么好事了，让我的小苏戬这么开心？"苏戬快活地说："先生！您一定无法相信！我可能很快就要去日本了！日本，那是母亲的家乡！到了那里，我就能看到爱我的母亲了！"庄湘对

93

苏戡的身世早就已经十分了解，听到这个消息，他也由衷高兴，"那实在是太好了！你是要去旅游吗？"

苏戡摇摇头，"不，先生，我要去日本留学。""是留学啊，那就是要待上好多年了。""是呀！不过到了那边我会常给先生和雪鸿写信的！"说起雪鸿，庄湘终于决定问出他萦绕心头许久的事："苏戡啊，我看雪鸿对你一直十分钟情，你对雪鸿似乎也很有好感。你就要去日本了，我在想，要不要先找来你父亲，把两家的亲事定了？"

听到这句话，苏戡连忙对庄湘说："万万不可！先生！雪鸿是一个好姑娘，千万不要因为我而耽误了！有一句话我对所有人都没有说过，但是如果现在不说，那就可能要辜负一个好姑娘了！其实我是要投身佛堂的人，早晚有一天要出家为僧的！"这话让庄湘十分惊讶，虽然苏戡曾经对他说自己打算出家为僧，但他一直以为那是玩笑话。

"你在说什么？你确定不是在开玩笑吗？"庄湘很惊讶地问苏戡。苏戡摇摇头，他说："先生，不瞒你说，其实在很久以前，我就已经生出了看破红尘的想法。只不过那时候带着儿童心性，不小心破了戒，这件事情一直让我很遗憾。以后有机会我还是会出家，做一个彻彻底底的僧人。""可是为什么要如此呢？赚很多钱过优越的生活，又有美丽的女人陪伴，这样的人生不好吗？为什么要出家呢？"

苏戡苦笑道："我父亲一直过着您所说的这样的生活，但是事实证明，他的一生里只是在不停地辜负着伤害着一个又一个的女人。就算他过得再舒服又如何呢？他还是一个彻头彻尾的混蛋啊！我不想成为那样的混蛋，我对人世上的事已经看透了。雪鸿是个那么美好的姑娘，她不该嫁入苏家那样的地方，她应该嫁一个更加宽容更加温柔的家庭！"

庄湘叹气，"我明白你的意思了……看来我是劝不动你的，但是你这样的才华如果出家实在太可惜了。我实在为你惋惜。算了，不说这些了，你不想跟雪鸿说些什么吗？"苏戡说："我现在还没确定会离开，等到了离开的那一天，我再与雪鸿告别吧。其实雪鸿比先生你更懂得我的心，我知道她对我的情感，而她也知道我心中的顾虑，所以我们一直保持着最高尚的友谊，我们希望能将这份友谊长久保留下去。"

"如果是这样，那我又能说什么呢？真是可惜啊，本来我一直觉得你是最完美的女婿。"庄湘遗憾地说。苏戡却说："先生看到的只有我自己，却没有看到我的家庭。女人一旦嫁人，就不是嫁给一个男人，而是嫁给一整个家庭。如果先生了解了苏家的各种事情，一定会庆幸没有将女儿嫁给我的。”庄湘点头，“也许是我对你们中国人的了解还不够全面吧。不管怎么说，希望你最后能顺利去日本留学。”“谢谢先生。”

苏戬说完这些话，就仿佛放下了一块很大的石头。对雪鸿，他总算没有辜负。不辜负就是最好的。接下来的日子，他们心照不宣地没有对雪鸿说留学的事情，每天苏戬还是照常去庄湘家学习，还是照常带着雪鸿在上海游玩。这说不定就是在上海的最后时光了，苏戬决定珍惜这段日子。

几天后，姑父回家了，姑母向姑父提出了让苏戬与林紫垣一同去日本留学的事，起初姑父并不同意，后来姑母好说歹说，加上林紫垣一旁帮腔，他才勉强答应。不管怎么说，姑父在上海的事业有很大一部分都来自于苏家的支持，所以苏家要培养人才，他也实在没有拒绝的理由。

一直到确定了离去的日子，苏戬才将这一消息告诉了雪鸿。雪鸿听了又开心又难过。“从今往后，我又是孤零零一个人啦。”雪鸿抱怨说。苏戬拉起她的手，对她说：“你相信我，以后还会有别人代替我的，上海这么大，一定有能让雪鸿开心，能给雪鸿讲好听的笑话的人出现！而那个人肯定比我更好！”雪鸿却噘起嘴说：“你说得好听，还不只是安慰而已？”接着她又笑起来，"不过我真为你高兴，你就要见到世界上最爱你的人了！"

"是啊！我就要见到我的母亲了！"苏戬望着蓝天，望着遥远的东方，在那边，母亲是否也同样在抬头看天呢？他们看的会是同样的一片天空吗？到时候只要亲口问问就知道啦！一想到这里，他的心中就满是幸福。只有在母亲身边的孩子才是幸福的。雪鸿也拉起他的手，说："你是那么可怜，比起你，我有爸爸疼，有母亲爱，我真是不该再苛求命运给我更多了。我希望能把自己的幸福分给你一些。"

苏戬紧紧地抱住了她，这个美丽而又善良的女孩子，在上海给了他最好的温柔，给了他最多的安慰。他告诉她："你的关怀就让我足够幸福了。谢谢你在上海陪伴我这么久。"雪鸿没有讲话，只是安静地与他相拥，感受着他的快乐。

一对知己，用宽容与爱，演绎了一段温暖的青春故事，这个叫雪鸿的女孩也永远留在了苏戬美好的记忆里。

人间花草太匆匆

1 扬名东洋

日本，不是他渴望的国家，却有一片他魂牵梦绕的土地，那里有承载着他成长的故事，还有他思念的母亲。这一次，他终于来了。这里终于不再是他荒芜的梦境，而是真实地跳入了他的眼中。

林紫垣说是去日本留学，其实主要是去日本做生意。他在日本学习的主要也是经商之道。所以他们在日本的费用并不需要林家支付太多，多数都是林紫垣自己负担的。这等于资助苏戬求学的人就是他的表哥林紫垣。林紫垣是一个老老实实的生意人，不喜欢多生事端，苏戬也性情温和，所以林紫垣非常喜欢他，也乐得培养他。

当时在日本已经有了许多华人。中国人在国内不论有怎样的矛盾，到了国外时基本都是团结在一起的。这些华人在一起建了一所大同学校，主要供在日本的华人和华人子弟读书。苏戬到了横滨之后自然就直接被安排进了大同学校。苏戬的年纪不大，所以进的是乙班，先学习一些基础知识，打好基础之后才能升入甲班。虽然他的年纪不大，但他的才学很快就在大同学校显现出来，他刚到日本不多时，就有很多人都知道了这个聪明的天才一样的小弟弟。

当然苏戬的心并不在此，他来到日本的目的主要是为了寻找母亲河合仙。虽然说母亲就在日本，但是日本说大不大，说小也不小，在日本要找一个人那也是十分困难的。苏戬只能依靠在日的华人同学们帮他打听。他一方面打听母亲的下落，另一方面则安心住在表哥家，努力用功学习。他必须在学校做出成绩，这样才会让表哥觉得带他来日本并非是错误的。就算他来这里不是为了学习，也要用学习成绩作为自己在此停留的依据。

大同学校打开了苏戬的另一扇大门，那里都是风华正茂的同学少年，每一个人都意气风发，谈吐不凡。大家都有着崇高的理想，有着超脱世俗的气质。在这里，苏戬第一次发现原来人还可以活得这样潇洒，这样痛快。他最先认识的朋友是一个名叫冯自由的同学，这个同学有些微胖，平时讲话十分有趣，苏戬和他在一起总有说不完的欢笑。在这所学校里，每天都散发着阳光的气息，这让苏戬明白了人间并非是只有阴郁的，人间还有这些不被世俗所扰，不被凡俗所累的莘莘学子，他们不必考虑柴米油盐，不必考虑家乡困苦，他们只要将心埋在书本中，努力学习知识就好。

原来当学生学习是这么美妙的事情，原来离开了苏家，离开了父亲之后，天地可以这么广袤！在这片土地上，苏戬感觉呼吸变得无比顺畅，心情也变得畅快多了！他每天除了和同学们在一起运动聊天，就一头扎在图书馆里，图书馆是知识的海洋，那里有无穷尽的秘密等待着苏戬去探知，那里能无限满足学子们的求知欲。只有到了图书馆，你才会发现，这世上的书你哪怕用一辈子去读也读不完，那时候你就会明白自己的生命是多么渺小，世界是多么巨大了。

苏戬读的书越多，谈吐就越发不凡。他生来英俊漂亮，外表出类拔萃，又内秀十足，这样的少年不引人注意是不可能的。所以很快，他的名声就从大同学校传了出去，并时常引来当地一些淑女名媛们的偷视。在这里生活的一切，都在告诉苏戬，往事已经过去，他要享受当下，享受未来。在这里，没有尘世的作弄，没有命运的不公。大家都是来自祖国各地，有着各自的生活，大家到了这里就是一家人，这里是热血阳光的一家人，充满了欣欣向荣的力量。

冯自由因为与苏戬来往最多，所以对苏戬家的事情多少有了些了解，对于苏戬的人生，冯自由在同情的一方面，也有着不同的看法。他告诉苏戬："其实你的悲剧并不只是你自己一个人的悲剧，这是当时的整个社会造成的。因为人们对异国恋情有偏见，而且你的家族有着旧社会的种种观念，所以才会出现这样的可怜故事。你的嫡母，你的庶母其实都是那个社会的可怜牺牲品。这样的事情现在也不会停止发生，但是我真是希望哪一天在中国大地上，再也不会有这种不公平的事了！"

冯自由的话为苏戬打开了尘封已久的心。苏戬很喜欢他看问题的视角，他总是喜欢忧国忧民，很多时候都能站在一个很高的高度去想问题。冯自由经常跟他说现在中国社会的种种不好的现象，他认为这些现象都应该更改。比如三妻四妾的传统，比如女性的低下地位，还有人们对血统认识的不足，只有改变了整个国家，才能改变这些细枝末节。

冯自由的心很宽广，他总希望通过现在的年轻人们的力量来给中国从底朝天翻个新。苏戬从来也不敢想冯自由说的事情，他甚至没想过要改变那个让他深恶痛绝的苏家，更何况是整个中国了！冯自由的观念激发起了他心中的一腔热血，是啊，其实这一切都是可以改变的，一切悲剧都是可以避免的！当年生母的命运本不该由苏家两个老人来操纵，当年陈氏也不该因为只生女儿就患得患失，这一切都是错误的啊！

有些思路一旦被打开，就停不下来了。苏戬问冯自由："可是现在全中国的人绝大多数都是因循守旧的，你要怎么改变他们的想法呢？"冯自由说："现在恰是最好的时机！你看，现在包括日本的外国人对中国虎视眈眈，中国内部也乱成一团，清朝的江山早就岌岌可危，到处都是新生的改革的力量！这种时候，只要有一个领导人领导着大家建立新的江山，并发布新的国民规则，到时候老百姓过上了好日子，自然领导人说什么自己就怎么做了！"

"我觉得你想得太简单了，实施起来不会那么容易的。"苏戬说。冯自由笑了，他长得不如苏戬那般英俊，但是他的长相却十分随和亲切，他笑起来也很好看，看到他的笑容，就总能让人心情大好。他说："确实不容易，所以就需要我们这些年轻人来努力啦！"说着，他搂住苏戬的肩，这让苏戬心中热血沸腾起来。苏戬看了看自己的双手，通过这双手，真的能改变那整个世界吗？如果能做到，那将是多么伟大的一件事！冯自由看出他的热血，也不点破，他早知道这个年轻人是个好样的，只是他年纪还小，等他大一些了，就把他拉进他们的组织，一起为振兴中华而努力。

苏戬与冯自由的交往可以说改变了他的整个人生轨迹，而不久后，另一件事情让苏戬的心情彻底明朗了起来，那就是有人找到了他的养母河合仙！这是他来日本的最终目的啊！他的最亲的亲人原来就在距离横滨不远处的一个小村落里，他恨不得立刻奔到母亲的身边，扑进母亲的怀抱！只是现在还不行，他不能为了看母亲而中断学业。他只有默默等待，默默忍受心中的相思之苦，一直等到学校放假，他就第一时间奔赴那个小村庄，奔赴河合仙的家。

来到河合仙家门口，苏戬心下十分忐忑，他有些不敢敲开门。不知道见了母亲之后，她会不会对现在的自己失望。现在他还是一事无成，还是要靠别人供养，并没有成为一个彻底独立的人。不知道这样的自己是否有资格去见母亲。这种近乡情怯的感觉折磨着他，直到门自己打开了。一个熟悉却已经苍老的妇人的脸出现在苏戬的面前，看到苏戬，妇人吓了一跳。

"你是谁呀？"妇人诧异地问。她不知道一大早怎么会有这么个年轻人站在自己家的门口。听到这问话，苏戬的眼泪再也止不住，刷地流了下来。他跪在妇人的面前，哭泣着说："母亲，是我呀！我是苏戬呀！您不认得我了吗？我好想你呀！"听到苏戬这个名字，河合仙先是一愣，接着也哭了起来，她立刻扶起苏戬，高兴地看着他，"戬儿啊，没想到你已经长得这么大啦！这真的是我的戬儿啊！我真的又看到我的戬儿啦！"苏戬哭得泣不成声，他哽咽说："是的，真的是我呀！母亲，你的戬儿来日本读书了，我再也不回去了，我要一直在这里陪伴你！"河合仙连忙点头，"好！好！真是太好了！我的戬儿回来了，我终于不用看着你的照片想你了！"

河合仙把苏戬迎进屋，得知他还没吃早饭，就去为他准备早点。这熟悉的感觉让苏戬几次落泪又几次止住。这才是他的家，才是他的亲人啊！他的情，他的归宿，他的漂泊之后的落足点，牵着他这只风筝的线的另一端！还好，还好，现在他们都活着，还好他们都还很健康，原来只要活下去，就有团聚的希望！苏戬现在无比庆幸当初在苏家没有因为陈氏的迫害而死去，不然他就永远没有今天了，那样的话母亲该有多么痛苦啊！

想来他离开横滨已经有九年了，九年的时间里，河合仙不知道过的是怎样的日子，才会让她现在看起来这样苍老。苏戬真想把她额头上多出的几道皱纹全部抚平了。他知道那一定是因为思念他才出现的。

不一会儿，河合仙端着做好的爱心早点送到苏戬面前，苏戬一边吃着早点一边哭泣，他感觉这一早上，他已经把积攒了九年的泪水都流出来了。在苏家被虐待的时候，他没有哭；差点在病痛中死去的时候，他也没有哭。因为他知道，就算那时他哭了，也不会有人怜惜他，不会有人可怜他。而只有现在，他才能忘情地哭泣，才能敞开所有的心扉。因为人只有在疼爱自己的人的面前才哭得出来呀！

苏戬就这样在河合仙的家中住了下来，继续九年前未竟的天伦之乐。他庆幸自己还有这样一个归宿，还有这样一个家。他想，自己虽然不幸，但总比那些父母双亡、彻底漂泊天涯的人要幸运多了。这样看来，老天对他也算不薄。现在他在生活上有表哥林紫垣的资助，感情上又有河合仙的照顾，他的幸福简直快要溢出来了！什么青灯古佛呀，什么暮鼓晨钟呀，都被他抛在了脑后！此时的他，只想尽情享受这红尘的美好，享受人间的多情。

2 他乡之恋

　　重拾的母爱，让苏戬敞开了心胸。他开始对外面的一切事物都感兴趣了，他不再淡看花开花落，身边的一草一木都开始变得充满勃勃生机，他开始努力关爱目所能及的一切。他爱远山，爱碧空，爱浮云，爱山石草木，他心中的爱太多了，怎么爱也爱不完。这都是河合仙赋予他的，都是这幸福的一切赋予他的。他终于明白，为什么能有人每天那样努力地爱别人，那一定是因为他们的生活很幸福啊！只有幸福的人才会让心中充满了爱！

　　而这个年轻英俊的男子的到来，也给这个小村落增添不少光彩。这小村落不大，人也不多，年轻人就更是少而又少，忽然出现了这样一位年轻人，据说还才华横溢、外表出众，必然会引起当地年轻女子们的注意。那时候，在这个村落有一个跟他年岁相当的女孩子，名叫菊子。菊子是一个有些内向，却很有才学的女孩子，她长相清秀，如同清泉碧玉一般，让人看了就容易生怜惜之意。

　　一个偶然间，菊子看到从自己家门前经过的苏戬，顿时对这个男子一见钟情。可是她太内向了，不知该怎样表达自己的心意。她就悄悄打听这个新来的男子的消息，知道了他是在河合仙家寄宿的，同时还是大同学校的学生。菊子努力了很多次，制造了很多次与苏戬偶遇的机会，但都因为她的内向腼腆而错过了与苏戬交谈的机会。恼恨不已的菊子忽然发现自己养的信鸽，她觉得也许利用信鸽是一个好主意。

　　于是菊子写下了许多诗句，多数都是描述自己的心情，她的寂寞和哀伤，她的孤单和无助，她将这样的心情写在字条上，并绑在了信鸽的腿上。她猜想，如果苏戬懂得她的心，看了信鸽上的句子一定会前来寻她，如果苏戬不解风情，那么她也就可以死了这条心了。

就在一个春风如沐的清晨，菊子放飞了这些信鸽，它们在村落的上空盘旋，有的落在树上，有的落在房檐上，也有的落在别人家的窗口，其中就有一只落在了河合仙家的窗前。苏戬看到了那只鸽子，他发现鸽子腿上绑了字条，就好奇地上前将字条拆下，然后读出了上面的诗句。这诗句如同泉水一样滴在苏戬的心上，泛起了一圈又一圈的柔波。

是怎样的人才会写出这样哀伤而又秀美的句子啊！苏戬不禁充满了好奇，他甚至迫不及待地想要看到这诗句的主人。于是他拿着鸽子走出门，放手让鸽子飞去，自己则跟在鸽子的后面，想要看看这只鸽子会落在什么地方。他的双眼不敢离开鸽子，生怕跟丢了，为此，他还差点跌了一跤。最后，他看到这鸽子停在了一座房子的窗前，他远远地看着，看到一个美丽的少女接回了鸽子，温柔地抚摸那只小信鸽。

那女子是如此柔美，苏戬虽然站得远，但他也能感受到女子抚摸鸽子时的轻柔。有那么一瞬间，他忽然觉得，如果自己可以成为那只信鸽该多好！他一方面担心被那女子发现他的注视，一方面又舍不得挪开目光。如果被发现了，自己一定会被当做登徒子怒骂一顿吧！可是就算被骂了，他还是想多看这位女子几眼，只那么几眼，这位女子就已经彻底驻进了他的心里，无论如何也赶不走了。一直到女子离开窗前，苏戬才遗憾地离开回家。

回到家中，早已准备好早点的河合仙问苏戬去哪里了，苏戬一开始含含糊糊不想说，后来才忍不住问她："母亲，住在距离这里不远的那个蓝顶房子，还养了许多鸽子的那家你认识吗？"河合仙想了想，"你说的是菊子他们家吧！我知道的呀，怎么了？"苏戬忙问："母亲，菊子是谁？是他们家的女儿吗？"河合仙点头，"是啊！"苏戬无法言说自己的心情，他看着桌上的早点，眼前又浮起了女子的影子。他的这副失魂落魄的模样让河合仙觉得有些好笑。

"你到底是怎么了呀，我的孩子？好像丢了魂似的！"河合仙问。苏戬这才缓缓地说："母亲……我……我大概是恋爱了。"这倒非常出乎河合仙的意料。河合仙先是一愣，接着微笑起来，"是啊，戬儿已经长大了，已经不再是当初的小孩子啦！我早该看出来呀！你是看上了菊子姑娘吗？那可真是一个好姑娘啊，又温柔又懂事，就是太腼腆了不爱讲话。你们两个倒是挺合适的呢！"

苏戬忙睁大眼睛，抓住河合仙的手，"你也这样认为吗？

第 5 章
人间花草太匆匆

母亲？可是我该怎么办呢？我总不能上门去找她，这样太突兀了！"河合仙想了想说："我记得菊子姑娘很喜欢去附近的小河边看鱼……如果你经常去那里，说不定能有机会碰到她！"苏戬喜出望外，他忙抱住河合仙，"谢谢母亲！真是太感谢你了！"河合仙也紧紧抱住他，欣慰地说："傻孩子，你真是一个傻孩子！你一定要幸福啊！"苏戬开心地连忙点头。

从这天开始，每天苏戬吃过饭后就去小河边散步，他时刻关注着河边的人，生怕漏看了菊子的身影。第三天早上，他一来到小河边，就看到正蹲在河边看河里的鱼的菊子姑娘。他走上前去，带着忐忑的心情，开口说："蹲在这里可不好啊，姑娘。"菊子仿佛被惊到了，她"呀"了一声，连忙转身，一不小心脚下一滑，眼看就要掉进河里了。苏戬忙上前拦腰将她抱回来，才避免了一场落汤鸡的灾难。

菊子看着眼前这个抱着自己的男子，万万没有想到竟然就是自己朝思暮想的苏戬，小脸立刻变得通红。苏戬待菊子站稳，忙放开她，道歉说："抱歉姑娘，我惊到你了。"菊子摇摇头，微笑说："不是你的错，你没有说错，蹲在这里是很不好的，我有好几次都差点掉进河里，甚至有几次我真的掉了进去，只有狼狈地回家换衣服。"苏戬笑了，眼前这个女子是这样可爱，这样惹人怜惜!

"既然知道不好,为什么还要一直这么做呢?"苏戬问。菊子脸红着回答:"因为……我喜欢看这河里游来游去的小鱼,看到它们自由自在的样子,我就觉得很开心,我特别羡慕它们,我真希望自己也能变得和它们一样。可惜我只能每天待在这小村庄里,看着熟悉的天,数着熟悉的星星。"苏戬笑着说:"可是就算远在千里,看到的也是同样的天和星星呀。"菊子刚要解释什么,苏戬又说:"不过我明白你的心情。"他掏出藏在衣兜里的字条,说:"这是你写的吧?"

菊子只有红着脸点头,这字条被当面呈在她的面前,让她有种小阴谋被揭穿的窘迫感。苏戬仿佛没有看到她的窘迫,说道:"这上面的句子是如此哀伤,也只有你这样的女孩子才能写得出。我……我真想把你的哀伤全部抹去,让你换上快乐的笑容!"菊子的脸更红了,这幸福来得太快,甚至让她来不及反应。她本来还担心苏戬是个不解风情的书呆子,没想到他这样懂得自己的心!

他们在小河边愉快地交谈,熟悉了之后,菊子总算能正常地跟苏戬对话而不脸红了。他们聊了许多,关于诗歌,关于文学。菊子给他讲述了发生在这小村庄的故事,一桩桩一件件,都如同发生在眼前一般，被菊子描绘得十分生动。谁说她不善言辞，谁说她不爱说话呢？苏戬心想，人们说她不爱讲话，大概只是因为她不喜欢与那些不懂她心的人讲话吧！

美好的时光总是短暂。太阳很快来到了他们的头顶，已经是正午时分了，菊子必须要回家吃饭，而苏戬也得回河合仙那里吃些东西。他们隐隐地都觉得这段交往不能被人发现，虽然他们在河边大方地攀谈，但是心中都不敢将这份大方延续到家里。菊子就更是如此，一个未出阁的少女，与一个男子交往密切，这可不是什么好听的事。

"我必须要离开了。"菊子柔声说。她微微低着头，面颊上的红润显得她是那样娇羞可爱，苏戬看着她看得快要痴了。"我知道。"苏戬说。话虽如此，他的手却始终牵着菊子的，不愿放开。菊子又说了一句："我……真的要离开了。"苏戬仍说："我知道。"而手却握得更紧了。菊子脸更红，不知道该说什么，这时苏戬忽然将她拥入怀中，动情地吻上了她。他们的心都跳得很快，仿佛周围的一切都不存在了，这世界上只有他们两个人，只剩他们两个人了！

过了许久，二人才不情愿地分开。菊子的声音已经仿佛如蚊子般大小，"我，该回家了……"苏戬这才松开她的手，目送着菊子离去。他的心中涌动着如波涛一般的情感。他是那样对她难以割舍，不知道她的心情是否也如自己一般呢？当初在上海，苏戡也曾与雪鸿知心交往，但却从来没有过这般热烈的向往和想念。也许是因为在上海时他还在压抑着自己，而到了这边，因为与河合仙的相聚，让他彻底放开心扉，所以才能这样快地投入这场热恋吧！

苏戡终于品尝到了恋爱的美好！难怪书中的男男女女都那样痴情，会演绎出那么多的动人传说，原来情到深处，真的是一刻也不想与对方分开的！原来海枯石烂的故事并非只是夸张，原来爱情竟是如同深海一样，会把一个人彻彻底底淹没在海底，无法自拔！他渴望着能与菊子姑娘再度相见，这渴望的心情已经强烈到让他吃不好饭，睡不好觉了！

从那之后，苏戡每天到河边都能看到菊子，他们之间已经形成了默契，小河边也成为了他们固定的约会场所。他们背着家人，背着父母，就这样在河边享受恋爱的喜悦。他们之间似乎是有着说不完的话，有着诉不完的情，每次都是到中午时分深情拥吻后各自归家。

回到家中之后，他们仍然难以抑制对对方的思念。好在有信鸽这一可爱的小动物，菊子每天会将对苏戡的思念写在字条上让信鸽带给苏戬,而苏戬则让信鸽寄回他的字条。他们的绵绵情话、一切衷肠都在这些字条上面显现。他们用最美的语言,舒展着自己内心最纯净的爱恋与想念。

因为爱,每一个日子,仿佛都灿烂许多,每一朵花儿,都更加柔美。

3 今生伤痕

　　热恋仍在继续着，而且不断升温。在一个天气有些阴冷的日子里，小河边不似往常那样有三两人来往，那天小河边的世界完全属于苏戡与菊子二人。这样的环境让他们变得肆无忌惮，终于在河边的一棵柳树下，他们偷尝了禁果。他们都知道这样不好，但是这禁果是如此美丽，让他们欲罢不能。美丽的爱情早已经淹没了他们的心，更淹没了他们的理智。

　　回到家中后，苏戡回想起那一幕幕，心中仍是激动不已，

第 5 章
人间花草太匆匆

他将这份激动写在字条上寄给菊子，菊子则一边摸着自己滚烫的脸，一边回信给苏戬。两个年轻人在爱情的甜蜜中畅游着，他们觉得自己是世界上最幸福的人。菊子轻柔地抚摸着信鸽，这些信鸽都是她的功臣呀，都是因为它们的帮忙，才让自己拥有了这般美丽的爱情！

可惜欢乐的日子总是短暂，苏戬毕竟还是要回到学校读书的。那时候他就无法与菊子相聚了，一想到这，他就难过起来。离开了村子，他该是有多么思念她呀！这种思念，不知道菊子能否明白呢？

苏戬在河边告诉菊子自己三天后就要离开这里回学校读书了，菊子的眼神立刻变得黯然，她伤心地说：“没想到你这么快就要走了……我真希望每天都能和你在一起！”苏戬拉住她的手，说：“我又何尝不是呢？可是我的学业是不能荒废的，表哥对我抱了很大的期望，我不能辜负他，他花钱资助我学习，如果我不努力，又怎么能对得起他呢？”

菊子笑了，她轻轻拍打他说：“别露出这种表情呀！我当然了解你的心情，我又不会阻止你！否则我成什么人了啊！你放心吧，我会在这边等你的！只是你有时间一定要回来看我啊！”苏戬连忙点头：“我一回来就让信鸽送去我归来的消息！”

"嗯！"苏戬紧紧拉着菊子的手，他感激菊子的理解，她是那样懂事，那样善良！只是苏戬却忘记了，他现在是没有能力对菊子许诺什么的。可惜沉浸在爱情中的他，早已将那些他曾经亲口对庄湘说的话忘在脑后了。大概幸福真的会让人失去冷静吧，与河合仙的相聚让他已经失去了判断。

回到学校的苏戬精神状态显然与之前不同了，冯自由看出了他的蹊跷，问他："你是不是恋爱了？"苏戬很惊讶，"你懂得读心的吗？"冯自由哈哈大笑，"还用读心吗？你的脸上已经写上大大的'恋爱'两个字了！你这个小傻瓜呀，喜怒哀乐都挂在脸上，让人一眼就看到心里去了！"苏戬脸微红，"原来我是这么容易被看穿的啊，我还以为自己埋藏得很深呢！"冯自由一把搂住他，"你就是一个单纯天真的小子，心思单纯、性情天真，我早就看透你啦！为了庆祝你的恋爱，中午我请客，请你吃大餐！"

苏戬很高兴，中午时候，他跟冯自由讲述了自己的故事，冯自由也听得十分神往。在听过之后，冯自由感慨地说："爱情真是美妙啊！不知道我什么时候能收获属于我的爱情呢？"苏戬笑着说："会来的。"冯自由却无奈叹气，"我就没你的本事了，女孩子们见了我都是把我当哥哥，没人对我有那种感觉。说起来，我还真没看出你小子在恋爱方面竟然这么擅长，这一点我真是没想到！"

其实苏戬也没想到，他身上竟然隐藏了那样的恋爱的才能，这也算是一种天分吧。这种天分应该是苏家独有的。苏家虽然家教严格，却从来都不缺多情种子，也恰是因为如此，苏家才会诞生许多悲情故事。苏杰生在谈恋爱方面就是一个能手，他做生意的才能没怎么传给苏戬，谈恋爱的手段倒是彻底让苏戬遗传了下来。

冯自由又感慨："这可真是同人不同命！你看看你，简直就是天之骄子，学什么都快！学语言，最晚入门却最早拿到成绩，学绘画，也是很快就超过了同期的学子，就连追女孩，都能迅速追到手，可恨，可恨呀！"苏戬笑笑，他知道师哥是在跟自己开玩笑呢。不过他也的确没说错，苏戬确实是天之骄子，只是这倒未必就是多么好的事，有时候一个人如果笨一些、蠢一些，反而能活得更轻松，而一个人如果太聪明了，就容易活得很累很痛了。

苏戬并没有辜负菊子的思念，即使学校里只有短暂的休假，他也会立刻赶到小村子里河合仙的家中，第一件事就是为菊子送出信鸽。在吃过饭后，就去河边与菊子相会。久别重逢的滋味比刚刚坠入爱河的感觉更加强烈。一见面，他们就迫不及待地深情拥吻。他们恨不得将对方装在自己的眼里心里，最好走到哪里都能随时相见。

苏戬给菊子讲了一些在学校里有趣的事，逗得菊子开心地笑着。与雪鸿的开朗大方不同，菊子有着日本女人独有的柔顺和内敛，这样的女子更容易激起男子的保护欲望。可惜苏戬现在的双肩还不够壮实，羽翼还不够硬，无法彻底将菊子保护在自己的房檐下，他甚至还无法鼓起勇气去菊子家中，向菊子父母坦诚这段恋爱。

有时候人世的安排就是这样不合理。最容易陷入爱情中的男男女女们，往往都是那些还不能自己决定命运的少男少女，他们在父母或亲人的保护下生活着，甚至无法决定自己明天去往何方。在这种境况下，他们如何给自己心爱的人许诺一个圆满的未来呢？然而就算无法做到，他们仍然不能阻止彼此相爱相拥的心情，仍然要背着父母亲人尝试禁果。而到了他们可以决定自己人生的时候，曾经的那段恋爱却早已经面目全非了。

这故事几千年前在上演着，几千年后仍在上演着，层出不穷。这仿佛是上天为了折磨人们，故意在人间安排的错误。

苏家在日本始终有生意往来。不久后，苏戬的叔父也来到日本做生意，来这边之后，他首先要去看看苏戬。不管怎么说，苏戬是苏家为数不多的男孩，又天生奇才出类拔萃，将来很可能会成为苏家的顶梁柱。所以作为长辈，必然要时刻关注他的成长，看看他的学业进行得如何了。叔父先是来到大同学校，经过打听，得知苏戬放假时候就住在河合仙的家里，于是前去看望。

来到河合仙家里时，苏戬刚好外出。叔父就去苏戬的屋子里看看他的生活情况，他先是看到苏戬桌案上的厚厚的书籍，很是满意，接着，他就看到了那些压在书籍下面的小字条。他好奇地将字条拿起来，终于看到了那些写在上面的绵绵情话，在他来说，这些都是不堪入目的淫词秽语。盛怒之时，一只信鸽飞到苏戬窗前，他拿起那信鸽，摘下上面的字条，又是一样的淫词秽语。

一怒之下，叔父拿着那些字条质问河合仙："这就是我们苏家的好儿子做出来的事吗？你就是这样教他的吗？我早知道你不怀好心！"河合仙十分愤怒，她对苏戬叔父说："孩子已经长大了！他有自己的情感，有自己的判断！你无权说什么！""哈哈，是吗？原来他的情感、他的判断就是和他父亲一样，找一个肮脏的日本女人，做些苟且的事！他是不是也想让这个女人生个儿子，过个七八年之后再把这儿子送到苏家夺取苏家的地位啊?"

这话刺痛了河合仙的心，她当然知道他的意思，她气得浑身发抖，"你怎么能这么说? 怎么能这么说?!""为什么不能? 你们日本女人都是勾引男人的肮脏的东西! 你们勾引苏家的人为的是什么? 还不是为了苏家的钱和地位? 别妄想了，苏家有过你们姐妹两个日本女人已经够了!"

盛怒之下，叔父拿着那些字条和鸽子走出门去，他要挨家挨户地问，直到问出鸽子的主人为止! 看着他离去的背影，河合仙又悲又怒，她没想到过了十几年了，悲剧仍然如一开始那样在循环上演着。原来是她自己想得太天真了，她以为苏戬只要长大成人就能自己决定人生，原来她错了，她错了啊! 虽然苏戬长大了，但在苏家，他还只是一个孩子，他没有权利选择自己的爱情。如果菊子是一个中国女人倒还好，可惜她是个日本姑娘，而苏家一直对日本人存有偏见。早知今日，她当初一定会阻止他们的交往的。河合仙心中觉得十分绝望，她觉得自己真的是太对不起苏戬了，太对不起这两个孩子了。

经过叔父的一闹，苏戬与菊子的爱情被全村的人知道了。这件事让菊子的父母感到了奇耻大辱，他们怒打了菊子一顿，

第5章
人间花草太匆匆

他们没想到自己竟然养出了这样不知廉耻的女儿。菊子本来就内向，自尊心又极强，在村里人的舆论压迫和父母的责骂下，她一时间想不开，独自跑到那河边，投身跳入了河水中。

当苏戬回到家中时，一切都已经晚了，他看到的只有菊子冰冷的尸体，和全村人冰冷的责备。苏戬感到天都要塌了，他仿佛失去了知觉，直接倒了下去，河合仙哭泣着接住了他。她不明白，为什么这可怜的孩子命总是这样苦？她看着他长大，看着他从小经历人世的种种不公，只能是无能为力地安慰他。到如今，她再次感到了这份无能为力。

天地何其悲，大雨很快倾盆落下，仿佛为这人间的悲剧哭泣一样。一个年轻生命的陨落是那样简单，那小小的身躯是那样单薄。无人怜惜，无人在意，每个人都认为他们走到这一步是活该，只有一些心软的老人和女人背后悄悄说些别人听不清的话，还有林间的虫儿在低声述说。

第 6 章

春泥细雨吴越地

1
心系家国

风雨无情，却总是能够打透人心。当苏戡从昏迷中醒来时，自己已经躺在河合仙家中的床上。那时候叔父因为对苏戡的失望和生气已经离开，苏戡静静地看着窗外不停敲打着窗子的大雨。那大雨仿佛帘幕一般，将天地都隔开了，将整个世界都隔绝在了外面。苏戡想起白天看到的菊子尸首，他想哭，却发现自己已经哭不出来了，他就那么躺着，如同死人一般。

他终究是辜负了这个女子，不但辜负，甚至让她年纪轻轻就失去了生命。她甚至还没有离开村子看过外面的世界，还没有品尝过那些美妙的食物，还没有尽情享受外面的风景。苏戬曾经答应带她去看看横滨，去看看上海，看看他曾经去过的每一个角落。如今菊子已经香消玉殒，不知道她的魂魄会不会飘到那些地方去呢？不论如何，她已经冰冷了，已经再也不能牵起他的手对他羞涩地笑了。

苏戬终于明白，原来自己是没有资格获得幸福的，原来在他的生命里，欢乐不过是一场泡影。他忽然觉得，或许自己是不应该存在的，他的到来只是给这世界添加一桩桩悲剧而已。如果当初生母没有怀上他，就不必遭到苏家的侮辱，就不会郁郁而终，后来河合仙也就不会将所有精力放在他的身上，不必一边照顾他一边忍受苏家的刻薄。至于菊子，也就不会碰上他，不会死了。原来一切悲剧的源头都是因为他，都是因为他啊！

他觉得万念俱灰，曾经有多么喜悦，此时就有多么绝望。带着这份绝望，他离开了河合仙的家，离开了日本，踏上回广州的轮船。

他记得在白云山上有一个蒲涧寺，他决定到那里出家为僧。这红尘俗世并不属于他，一切喜乐悲欢不过是泡沫，不过是过眼云烟。原来只要轻轻一戳，就什么都化为虚无了。河合仙并没有阻拦他，她知道他需要静一静。他并不似他的父亲，如果说他的父亲太无情，那他就是太重情了。重情的人总是容易因情而伤。这可怜的孩子如果到了寺庙中，或许反而能获得暂时的宁静。

山中的岁月是幽静的。在山上，苏戬每日诵经念佛，渐渐地，他的悲伤减轻了许多。与其说减轻，不如说他已经看淡了。他来到这世上，感受过了最慈爱的母亲之情，这情不久就被剥夺了，他又感受到了最炙热的男女爱情，这情不久后也被熄灭了。看来万象到头皆是空，只有这幽静山林，只有这青灯古佛才是最终的红尘归宿。

然而，你不惹红尘，红尘自惹人。来到广州出家的苏戬并没有彻底获得宁静。他仍然时常与远在日本的河合仙、同学、友人们通信。冯自由给他讲着一些发生在学校的事情，在表达了他们打算成立组织推翻旧制的意愿的同时，又期盼着苏戬能早日回去与他们共商大业。在经过了几个月的宁静之后，苏戬心中的热血再度被激起。

是了，一切的悲剧都是因为那个已经腐朽陈旧的世界！冯自由并没有说错，如果不是那个腐朽的世界，苏家又凭什么干涉他的爱与恨？苏家如果不是依附着背后的大清王朝，又凭什么颐指气使？凭什么逼死他的生母，凭什么逼死他的爱人？只有推翻了大清王朝，才能结束那些悲剧，就能让那些死去的怨魂得到真正的解脱！于是，苏戬穿着僧袍再度踏上远渡东洋的轮渡，回到了大同学校。

学校对苏戬的归来十分欢迎，尽管他穿着僧袍走进校门的模样太过引人注目，不过崇尚自由自主的学校对他毫不干预。因为苏戬的成绩很好，所以学校将他升入甲级班。甲级班与乙级班不同，在这里，苏戬可以学到更多的知识，了解更深的学问。所以很快他就投身入知识的海洋中。那些新奇的学问，以及学校里的崭新的观点都让他心中豁然开朗，也让他暂时忘却了失去爱人的悲恨。

那时候的大同学校里，总能看到一个略显忧郁的身影。他细削修长的身形和英俊的相貌十分吸引人，若是放在今日的学校，这样的男子是十分抢手的。只不过，在现在的学校里，许多男孩子都是为赋新词强说愁，为了博取眼球故作忧郁，苏戬却是尽量压抑自己忧伤的情绪，尽量让自己轻松起来，做到不影响他人的情绪。

冯自由也知道了他的事，却不知道该怎么安慰他才好，只能是只字不提，每天跟他讲些学校里的事情，分散他的注意力。

冯自由给他讲了现在华人形势的变化。"现在孙中山先生正在努力发动大家,将来回了国,咱们做的第一件事就是推翻大清王朝,建立一个新的没有集权制的民主自由的社会!"一说到民主自由,冯自由激动得双手发抖,他的眼睛放着兴奋的光芒,仿佛已经看到了那个时代的来临!

"我真希望那一天能够早些到来!"苏戡激动地说。在大同学校里,苏戡对国家的认识与往日已经截然不同。过去,他对中国并没有很深的感情,相反,他对日本倒是有着深深的乡愁依恋。然而来了学校,他受到其他华人子弟的感染,终于意识到,自己也是炎黄子孙,是华夏儿女!

他变了,从一开始的不闻不问,变成了后来的投入其中。环境的确是能影响一个人,哪怕是这种民族自豪感,也能在无形中传入每一个人的心中。苏戡第一次感到,身为一个中国人是这样让人热血沸腾的事情。而推翻大清,建立新世界的想法,也如同一颗种子般被深深种在他的心里,生根、发芽。

"这是我们所有有识之士共同的愿望!"冯自由笑着说。他很高兴看到苏戡已经走出阴霾,投入到全新的学习中去。苏戡也仿佛找到了新的人生目标,这一次真真切切开始为了心中的热血而努力学习。他是一个十分有天分的人,这种天分尤其体现在语言和艺术上面。

一天，在上美术课的时候，老师让同学们绘制一幅山水图。苏戡最喜欢上的就是美术课，他从小就热爱画画，同时也喜欢看别人画的优秀作品。他喜欢笔尖在纸张上面流淌勾勒的感觉，通过透视远近，通过笔下功夫描绘出一整个世界的滋味让他欣喜不已，仿佛在自己的手中创造了一个小世界一样。于是他笔锋流畅地画起来，甚至没有发现老师已经来到了他的身边。

老师在他的画前驻足停留了许久。老师早就知道这是个天赋极强的学生，但却万万没想到他的天赋竟然这样强！这学生的绘画水平甚至已经超过了老师自己，令他自愧不如！感慨间，老师不禁赞叹出声，这时苏戡才发现老师正站在自己身旁。"先生?"苏戡停下笔，不解地看着老师。老师忙说："不要停下，继续画！我还从来没见到一个学生能有这么高的水平！简直太让人惊叹了！你简直就是一个奇迹！"

苏戡有些腼腆地笑了笑，"多谢先生的夸赞。"老师却说："这并不是夸赞，而是由衷钦佩！我决定向学校推荐你，让你兼任美术老师！你现在的水平已经完全可以教课了！"大同学校是一个由华人建起的学校，师职力量本就欠缺，有很多优秀的学生同时兼任某一门课的老师。大家也都是年轻人，不分彼此，所以老师和学生之间也并没有身份明显的界限。

尽管如此，苏戭仍是觉得受宠若惊了，他忙说："老师太夸奖了，我才刚升甲级班不久，哪有资格……""我说有就是有！"老师十分高兴，他就仿佛是在沙砾之中发现了一颗玉石一样，捡到宝似的欢喜，他的欢喜是由衷发出的，不含一丝虚伪成分。这时同时上课的其他同学也过来笑着恭喜苏戭。"恭喜啦，苏老师！"同学善意地开着玩笑，这让苏戭反倒不好拒绝了，只好说道："多谢老师的赏识！"

那天之后，苏戭就在读书的同时兼职做了美术老师。备受重视的他感到自己身上的担子越来越重，责任越来越大。站在老师的位置上，苏戭觉得自己更应该了解学生，给他们指引正确的人生道路。好在他有挚友冯自由，那时候冯自由的言论就如同一盏明灯，时刻照亮着苏戭的前路。苏戭在课余时间里，也如冯自由对自己那样，向学生们传递着推翻大清，建立新世界的观点。

因为苏戭是学校里的名人，所以大家对他都很熟悉，对他的身世更是如八卦小报一般一清二楚。他们都知道苏戭是中日混血，同时还有一位日本养母。有一次，苏戭告诉学生们，作为华夏子弟要担起国家重任，要为国家的复兴而出力。这时有

个学生开玩笑说："可是我听说先生身上有一半是日本血统
呢。"苏戬立刻说道："这的确是事实，但我的热血，我的心都
是属于中国的。我是一个彻头彻尾的中国人！只要有需要，我
就会为我的国家赴汤蹈火！"这番话说得斩钉截铁，学生们也都
听得热血沸腾，纷纷表起忠心来。

热血在年轻的学生们心中喷涌，他们的灵魂正承受着时代
的洗礼，一种蜕变，在他们的心中悄然发生。

2 青年之会

　　苏戬就这样在大同学校完成了自己从一个悲情故事的主角到一个具有国家大义的年轻人的转变。到了 19 岁那年，他已经成长为了一位十分出色的青年。才华横溢，英俊倜傥，又富有责任感。

　　在冯自由的帮助下，他来到东京的早稻田大学的高等预科中国留学生部读书。在这里，包括冯自由等人在内的青年学子们组成了青年会，这个组织可以说是中国推翻封建社会的最初的力量。这些人也包括陈独秀、叶澜等人。他们虽然身在日本，但是每天都在进行着反清复明的活动。

不久后，青年会的成员与兴中会的成员在一起活动，苏戬结识了廖仲恺、何香凝等人。大家都很喜欢这个个性率直又才华横溢的年轻人。苏戬埋藏在心中的热血被彻底激发了出来，每天与这些年轻人在一起，他感觉自己仿佛化作了一名战士，正战斗在推翻旧制的伟大事业上。不论这事业最后是成是败，都是意义非凡的。苏戬庆幸自己能够参与到这样的事业中去，他的人生再也不是一无是处，他第一次感觉到自己手中的力量。

就在西边，就在自己的祖国，许多人仍生活在水深火热之中。而远在日本的他们所要做的，就是拯救那些人，让他们过上民主自由的日子。在那样的日子里，没有歧视，没有阶级观念，每个人都是平等的，男人和女人可以自由恋爱，不必在意家庭的意见，女人也不再是受人摆布的玩物，她们能够拥有自己的说话的权利，能够捍卫自己生存的空间！

这种民主自由的环境，苏戬已经在东京深切地感受到了。在同学中，这些人有的是寒门子弟，有的家庭殷实，但是大家都没有任何偏见，不论出身为何，在这里他们就都是平等的。在这里，男女同学们可以建立纯洁的友谊而不引人非议，女同学们也能成为活动的组织者，这在从前根本是无法想象的。苏戬热爱着青年会里呼吸到的空气，他爱这种感觉。若是整个中国都变成了他们这样的相处模式，那将是多么美妙的事情！

也正是因为带着这样的心情，苏戬成为了这些同学会中的积极分子。他经常与孙中山等人在何香凝的住处秘密集会。何香凝出自书香门第，是一个十分有见识有才华的女子，她谈吐不凡，是同学会里的中心人物。在她的家中，大家总能饮到最香醇的茶，她的泡茶功夫在同学里可谓堪称一绝。茶香氤氲中，孙中山动情地为大家演讲，宣扬他的新思想。

"虽然我们远在东京，但只要我们不断壮大力量，就一定有机会回到祖国去，推翻旧制，推翻几千年的封建制度，学习西方，建立起真正的民主自由的社会！只要我们抱着视死如归的心情，抱着舍生取义的态度，我们的战争就一定能胜利！这是一场革命，是新生的力量对抗腐朽旧社会的战斗！在历史长河中，这样的战斗都是以胜利告终的！就算我们失败了，就算我们全部取义成仁，我们的努力也一定不会白费！我们点燃的是一盏灯，一盏照亮凉华夏之路的光明之灯！"

孙中山激动地说着，他的话让在场所有人兴奋不已。他继续说："我知道，大家都是莘莘学子，手无缚鸡之力，但为了革命,我们必须拿起枪杆子!这是一场血与火的斗争!每一个人都面临着失去生命的危险。我希望大家都抱有坚定的决心,如果心意不够坚决,就赶快停止参与,因为你们无法想象等待我们的会是多么残酷的现象!"

然而在场的所有人没有一个动摇的,大家的眼中都闪耀着如火一般的光芒。"我们视死如归!"冯自由坚定地说。其他人也一一表述了决心。孙中山很激动,他感激地看着大家,他的目光停留在每个人的脸上,他看到了这些年轻的面孔下是一颗怎样火红的心!孙中山这次压低了声音说:"我已经在托人打探,大概不久之后,咱们就能有枪了,到时候我想组织一个留日学生的义勇队,大家回去之后,不妨在私底下透透口风,有愿意参与的人就记下来,把名单告诉我,咱们先在日本进行演练,等回国之后就可以展开行动了。"

一听到会有枪,所有人都兴奋起来跃跃欲试,苏戬也是开心得不行,他说:"我第一个报名参加!"冯自由也说:"我也参加!"不一会儿,就已经有七八人加入了这个义勇队。其他人虽然也想参加,但因为枪支数量不会太多,所以希望把名额留给年轻体强的人们。

何香凝微笑着给他们一一沏茶,"热血是好事,只是大家也要保持冷静和理智，所以先喝杯淡茶吧。"同学们都很喜欢这位女主人，他们纷纷笑着端起了茶。这恐怕是苏戬人生里最舒心的日子。一群热血青年们凑在一起，谋划着一场伟大的行动，不论行动结果如何，至少此时此刻，他们精神百倍。

走出了何香凝的住宅，冯自由与苏戬同行一起往学校走去。这时候正是艳阳高照，冯自由笑着说："你看，现在咱们就在阳光之下，阳光是必然要驱逐黑暗的！光明终将统治世界！不论在黑暗世界中的人们多么困倦，当太阳升起，所有人都会变得神气十足了！"苏戬笑着说："你是在作诗吗？""作诗？哈哈哈，说起作诗，我可不敢在你的面前卖弄！"显然，他们都被孙中山的演讲感染了。

几天之后，孙中山真的搞到了枪支。孙中山知道，理论永远是无力的，要进行革命必须要有流血牺牲。而要想展开革命，孙中山要做的不仅仅是在理论上让大家接受新思想，更要在行动上组建自己的军队力量。而这军队的力量，又恰恰需要坚定的思想做基石。

拿到枪支的学子们都很兴奋，他们中的很多人从来也没摸过枪，他们甚至不知道枪是如何使用的。好在他们中有人懂得操纵枪支，他们互相学习，相互琢磨，研究起枪支的型号性能来。大概男人天生就对武器有种特别的执着，枪拿到手之后，他们很快就熟练起来。孙中山找到了一个十分秘密的射击场所，在这里，他让大家自由练习射击。看到这些认真练习的学子们，孙中山知道，这就是国民起义军的最初雏形。终有一日，这支军队会扩展成为一支有着上万人力量的武装队伍，会在中国大地上浩浩荡荡展开起推翻旧制的行动！

当苏戬拿起枪支瞄准靶子的时候，他想起了自己那面目模糊的生母，想起了惨死的菊子，想起了一生悲苦的河合仙，他又想起了悲哀的陈氏、黄氏，想起苏家那些可怜的女人们。在靶子前面，有时候浮现出苏杰生的身影，有时候出现的又是他已经过世的祖父母，还有那逼死菊子的叔父。苏戬在想，也许他是自私的，他想要推翻的并不是什么封建制度，他只是想推翻苏家而已。

他大概也算是个忤逆的不孝子了吧，身为苏家寄以厚望的后人，苏戬想的偏偏是如何让苏家彻底消失。他对苏家没有一丝眷恋，他有的只有恨意，只有痛苦的回忆。他知道，在中国大地上，有许多和苏家一样的家族，而现在身边的这些同学少年要做的，就是推翻那些腐朽的家族。让中国已经沉睡了几千年的大地获得一个崭新的生命。

其实在这世上，又有多少人是不自私的呢？若是完全无私，也就不必有革命，不必有斗争了，只不过有的人爱得广一些，有的人爱得浅一些而已。只有在寺庙中每日敲木鱼度日的老僧才是真正无私的，只有那以万物为刍狗的天地才是毫不自私的。放弃了一切私心的人，就能"闲看庭前花开花落，漫随天上云卷云舒"了。

枪弹出膛，却不慎打偏了。苏戡固然在文学和艺术上很有建树，但是对持枪打仗还是有所欠缺。尽管如此，当子弹飞出的一瞬间，他的心里莫名涌出了一阵兴奋的感觉。他也不知道自己在兴奋什么，或者这只是作为男性的荷尔蒙的作用吧。男人在手持杀伤性武器的时候，总是没来由地激动。所以现在会有很多射击游戏供男孩子们玩。男人仿佛是天生的战士，总是在战斗中和战斗的准备之中。

这种感觉当真是棒极了。苏戡再次给枪上子弹，又打了一发，这一次，他比刚刚打得准了一些，虽然还是偏了很多，但是已经打在靶子上了。当子弹在靶子上击穿的时候，苏戡仿佛看到这枪弹从父亲苏杰生的脑门上穿过去，穿过他的那些妻妾，穿过广东苏家那大大的宅院，顷刻间，天地崩塌，宅院化作废墟。

第 6 章
春泥细雨吴越地

　　在废墟之上，一颗绿色的嫩芽勇敢坚决地破土而出，一开始只是冒出一点头，接着展开了两片嫩绿的叶子。这新芽就在废墟之中，迎着阳光努力向上，努力生长。

3

毅然归国

苏戡一直渴望那个自由的世界，他在心中建立起未来的图腾，那是他生命的希望，亦成了他的责任。所以，他要让这理想的芽儿，在现实中生长。然而，现实里充满了风雨，任何事物的成长也必定会承受坎坷。

苏戡的行动引起了一直资助他读书的表哥——林紫垣——的警觉。林紫垣早就听说在早稻田大学有一个不安分的同学会，正在策划着对大清不利的行动。他见到表弟近些日子行为有异，便试探着询问苏戡。林紫垣一开始并没有明说，而是问他最近在学校怎么样。苏戡开心地告诉他，学校里一切都好，同学们都相处得很愉快，他的学业也一直十分顺利。

"你们除了在一起学习，有没有什么业余活动呢？"林紫垣问。聪明如苏戡自然明白他在说什么，苏戡沉默了一阵，没有回答。林紫垣又问："我听说你们这些学生总是喜欢做一些不切实际的事，不知道你有没有参与其中呢？""不切实际的事？"苏戡笑了，"也许在你来看的确是些不切实际的事吧，但是对我来说，却是重生！我从来没有想过，人竟然可以那样活！你能理解吗？在一个世界里，没有男女尊卑，女人可以自由地与男人在一起工作，男人和女人可以自由地恋爱，可以在不告知父母的情况下就自行结婚……"

"放肆！"林紫垣愤怒地止住了他的话，"你知不知道你在说什么?!我本以为你是一个懂事聪明的人，没想到你竟然说出这样荒唐的话！难道你要跟你的父亲一样，做出荒唐的事情来吗？"苏戡也不示弱，他高声道："父亲正是因为在那样男尊女卑的世界里，才会让我的母亲受到那样不公平的待遇！表哥，你看看现在坐在紫禁城里的那个朝廷吧！那里早就已经烂了！已经烂透了！"

林紫垣冷笑，"就是那个烂透了的朝廷，养活了你们苏家，让你们苏家能够获得富贵，能够兴旺！""这种富贵、这种兴旺根本毫无意义！在苏家，除了当家的那个人，还有谁喜欢那样的生活？女人们活得战战兢兢、束手束脚，孩子们活在家族责任的重压下！这种家庭早就不该存在了！""住口！"林紫垣气得浑身发抖，他发现自己错了，真的错了，原来他出钱资助的不过是一个逆子，是一个会为苏家带来不幸的不孝子！这如何对得起他出身苏家的母亲啊！

　　林紫垣尽量压下自己的怒气，他努力保持平静说："我不知道你一直抱着这样的想法。原来你之前所谓的要为苏家光耀门楣不过是句漂亮话，你现在说的话才是出自真心的。我不能再资助你了，我怕你将来翅膀硬了，会给苏家带来大麻烦。你走吧，自生自灭，是留在日本，还是回到广州，我都不会再管了。"

　　苏戬是一个自尊心很强的人，林紫垣已经说出这样的话，他也没有脸继续恳求什么。一直以来，如果不是林紫垣的资助，恐怕他也没有机会在日本学习，更没有机会认识冯自由、孙中山这些人。不论如何，他是感激林紫垣的。他站起身，向着林紫垣鞠了一躬，收拾起东西，直接离开了林家。这一年，苏戬

20 岁。

没有了经济来源，苏戬在早稻田大学的学业也就无法继续了。他在日本举目无亲，一时之间不知如何是好。他向冯自由说出了自己的窘境，冯自由明白他的难处，于是帮他写了一封信，并给他带了一笔钱，让他回国之后去香港找陈少白。陈少白也是当时的青年义士，他受到孙中山的委托，正在香港着手创办《中国日报》。冯自由私底下与陈少白也有些交往，所以希望苏戬可以到陈少白那里谋求一份差事。

苏戬就这样踏上了回国前往香港的道路。想到林紫垣的不理解，他的热血已经被熄灭了一半。仅仅是他的表哥，他就无法说服，他又凭什么去说服中国的亿万人民呢？之前在听孙中山的演讲时，他总觉得革命斗争会是一件很简单的事，可现在看来，原来要推翻一个时代，不仅仅很难，而且是几乎无法实现的。他在想，孙中山的理论或许只是一个美好的愿望，毕竟，仅凭他们这些人，这微乎其微的力量，怎么可能去撼动大清江山呢？

这时候，他又想起当初孙中山的话。是的，就算革命失败了，他们的付出也不可能是毫无意义的，他们用尸体铺成的道路，会让后来人走得顺畅许多。革命本就需要坚定的决心和义无反顾的执着！面对着汪洋大海，苏戬心中的热血再度被激起，他回到船舱中，执笔写下一封信，打算在回国之后就寄给日本的林紫垣。他告诉林紫垣，自己反抗大清，反抗封建社会的决心不会停止，就算走投无路，他宁肯自杀，也绝不低头！

接着他又写下一首小诗："滔海鲁连不帝秦，茫茫烟水着浮身。国民孤愤英雄泪，撒上鲛绡赠故人。"在诗里，他再度表达了自己舍生取义的决心。他感觉自己如同自古那些忠君为国的人们一样，将为了理想而不顾一切！哪怕前方是刀山火海，哪怕一投身就会失去生命，他也义无反顾！

最后，轮船终于在上海着陆了。到了上海，苏戬并没有立刻转行去香港找陈少白，虽然冯自由帮他给陈少白写了介绍信，但他决定先在上海看看国内形势再说。他少年在日本生活，后来又去广东，他所掌握的语言只有日语和粤语，虽然在日本读书的时候与同学们学习了一些汉语，但是毕竟只是日常所用，他对汉语的掌握并不够全面。

之前苏戬在早稻田大学与陈独秀关系不错。后来陈独秀回国与章士钊等人一起办报纸宣传新思想，苏戬知道他现在就在上海，所以决定先去找陈独秀，在了解国内形势的同时，顺便向陈独秀这个大才子请教一些汉语言文学方面的事情。

第6章
春泥细雨吴越地

当苏戳找到陈独秀的时候，陈独秀正在致力兴办《国民日日报》。在那之前，章士钊等人一直在为《苏报》投稿，并在上面发表了许多震惊当时的文章。那些文章引起了很大的反响。正是受了那些文章的影响，在上海及周边等地，许多青年人都觉醒起来，并投身到了章士钊他们带领的革命运动中。而这些文章也被当时的南京衙门注意到了，南京衙门十分害怕这股新生的力量，所以下了很大的力气去查办《苏报》的相关事情。

当时《苏报》的办报地点在英租界。南京衙门要求英租界查禁《苏报》，并逮捕编辑们。身为编辑的章士钊等人及时得到了消息，立刻进行转移。可惜章太炎、邹容等编辑仍然被逮捕了。他们都是国民革命的先锋力量，是了不起的英雄。之后，为了继续进行革命活动，章士钊等人才创立了《国民日日报》。陈独秀等人回国之后，也开始积极为《国民日日报》撰稿。

讽刺的是，《国民日日报》之所以能够存活，是因为它在英领事署进行了注册登记。没想到这场为了国人而进行的斗争，却只有在被列强割去的土地上才能进行。这场斗争充满了悲情的意味。最大的指挥官身在日本保证自身安全，而先锋们也只能利用租借地带来生存。保护了这些中国希望的力量，竟然都来自于那些对中国虎视眈眈的国家。

苏戡的到来为章士钊、陈独秀他们带来了一股新鲜的空气。与热血的他们不同，苏戡有时候对革命很感兴趣，有时候又显得有些无所谓，这也与他的成长环境有关。章士钊他们在苏戡身上，往往能暂时忘却革命的沉重，获得短暂的轻松与快乐。苏戡是一个很可爱的年轻人，正如冯自由说的，他的一举一动都坦坦荡荡，喜怒哀乐都写在脸上，与他相处不需要多费神。虽然苏戡总是忧愁多于欢乐，却从来不会将他的愁绪加在别人身上，不论心情多么低落，他也会尽量微笑，不给别人带来麻烦。

　　苏戡也会在《国民日日报》上发表文章，但他发表的往往并不是那种煽动性很强的号召革命的文章，而多是更重视文学性的文章。当时《国民日日报》也正好需要这样的文章。因为对一份报纸来说，阅读性、文学性是必须要有的，甚至这才是一份报纸销量的保证。没有人会为了被煽动而买一份报纸，大家更喜欢读报纸上面的那些小诗歌，小故事。

　　苏戡在为报纸撰稿的同时，偶尔还会去苏州的吴中公学教书。他教书的主要目的是为了赚些钱供自己生活，当然他也很喜欢与学生们在一起。在与林紫垣决裂之后，他与苏家也彻底割断了联系，唯一的经济来源就是在上海的稿费和在苏州的教学活动了。他也彻底从一个大少爷变成了一个穷书生。当然，他宁可过这样穷书生的生活，也不愿再和苏家有任何的牵连。

后来，报馆再次被查封，章士钊、陈独秀等人自然不会放弃，他们在一起策划着继续办报的事情，苏戬则不如他们那样积极。他自然愿意为朋友们贡献一份力量，但却从来不会是主动组织的人。他的性格也决定了他不可能成为一个领导者，他更适合做一个给人帮忙的助手，上面吩咐下来让他舒心的工作，他就安心做，这样就好。他从小到大已经习惯了忍受，主动出击并不是他会做的事。

所以报馆查封后，苏戬就心生去意。他想起了冯自由交给他的写给陈少白的信，他想去香港碰碰运气。他还没去过香港，正好可以过去见见世面。所以在短暂的告别之后，苏戬就踏上了前往香港的旅途。章士钊、陈独秀等人对他都是十分不舍，虽然他对革命工作出力不多，但大家都很喜欢他，他就像清风一样，只要在人们的身边吹过，就能让人感到清凉舒爽。

第 *7* 章

又听寒山夜半钟

看尽沧桑

1

　　我们始终都在微笑，终于成为不敢哭的人。

　　陈少白是在香港与孙中山结识。那个时候孙中山还在香港学医，他们一见如故，几番交谈之后，发现彼此有着共同的理想，于是很快就结拜成了兄弟。当时，一切还未成气候的他们已经在计划着将来的革命行动了。他们都是行动派，不是纸上谈兵的人。所以不久后，他与孙中山等人就在香港组织起了兴中会，并策划了一系列起义行动。

　　起义失败后，他与孙中山等人逃亡日本，在日本成立了兴中横滨分会，也是在那时候，冯自由与他们才开始相识。后来，陈少白接受孙中山的嘱托重新回到香港，开始创办《中国日报》。孙中山总结了起义失败的教训，认为失败的主要原因就是他们的力量不够成熟，思想不够坚定。要想巩固人们的革命思想，必须通过报纸，通过各种媒介给人们进行熏陶。要将推翻旧制成立新世界的观念深深植入到人们的心里去。

中国人虽然多，但是很多人的思想都不够独立，不够坚定，只要稍加劝说，他们就很容易相信你，并且投靠你，这就是孙中山创办报纸的初衷。陈少白义不容辞地回到了香港，很快就将《中国日报》办了起来，并且开始和康有为等人进行了几番论战。

其实康有为等人也是非常有学识的人，那个时候，即使是有识之士也分了许多派别。有孙中山这样的革命派，也有康有为这样的保守派。孙中山一派是想彻底推翻大清，推翻封建制度，而康有为他们则是希望在保证皇权的基础上进行一系列的改革。事实上，康有为他们的一次又一次行动早已证明他们的理论是行不通的，但是那个时候他们还是执着地继续自己的理想。

康有为尽管后来失败了，但他的执着，他的不放弃，仍然是让人敬佩，让人尊敬的。比起那些不作为的，或者投机的人来说，这样为理想而坚定执着的人才是最了不起的。

　　苏戬到了香港之后，拿着冯自由的介绍信去找陈少白。陈少白看了介绍信之后接纳了他。只不过，陈少白与章士钊、陈独秀他们不同，他是一个彻底的革命派、战斗派。比起温和的《国民日日报》，《中国日报》是一个更加尖锐，更加突出革命意图的报纸。陈少白并不是很喜欢苏戬写的那些软绵绵的东西，虽然他很欣赏苏戬的才华，但是他觉得苏戬太过单纯，并不适合进行革命行动。

　　所以，虽然苏戬在《中国日报》社住下了，但是他并没有得到重用。在报社里，他只是偶尔出入跑跑腿，主编很少交给他重任，就算他翻译出一些文学作品，或者自己作些小诗，也会被陈少白以没什么用为理由打回去了。无奈中，苏戬翻看报纸，他发现上面都是各种斗争性的文章，充满了煽动的情绪。这让他感觉有点累。这样的日子太紧张，他不是很喜欢。而看到里面那些言辞激烈的文章时，他自己也被感染了。

　　陈少白并没有看错，苏戬的心思的确是太过单纯了。他的思想太容易被动摇，太容易受到环境的影响。苏戬不像他们，从小接受优秀的教育，他虽然有家，有亲人，但他很多年来的生活都是漂泊状态的。他已经习惯了让自己去适应环境，早已经没有能够改变环境的能力了。

也许从一开始，投身革命就不适合苏戬。他在日本之所以那么积极地参加革命活动，不过是喜欢同学少年们在一起讨论的情景，不过是喜欢那洋溢着青春气息的聚会。至于聚会内容为何并不是最重要的。他喜爱孙中山为他们描绘的那个世界的模样，但也仅仅是喜欢而已，他并没有坚定的一定要建立起那个世界的决心。他的决心，往往都是被煽动起来的，并不是扎根在心中的。所以，这样的他，很容易被一时的情绪所左右，并作出冲动的事来。

这一日，苏戬因为无聊，就独自坐在一旁看报纸，他看到康有为仍在对这些革命行动表达着反对意见。而《中国日报》的编辑们也在积极发表文章——驳斥康有为的观点。苏戬看着这些文章，心中非常愤慨。他想，既然大家都在针对康有为这个人，那么如果这人不存在了，革命一定就会顺利得多了！想到这里，苏戬回到自己的房间，拿起了当初从日本带过来的手枪！

在那个时候，各种刺杀行动层出不穷。苏戬带着悲壮的情绪，带着赴死的心，持着手枪要走出报社，打算去暗杀康有为！报社的其他人看到他手中拿着手枪，连忙拦下了他，"你想要干什么？"苏戡怒道："我要去暗杀康有为！为革命出一份力！"

大家都很惊讶，这个平时不吱声不吱气的小子怎么忽然间就爆发了？而且还爆发得那么极端？正在慌乱间，有人将此事告知了陈少白。陈少白连忙赶过来，愤怒地夺下了苏戡的手枪。

陈少白怒道："一直以来，我以为你只是天真，没想到你简直就是愚蠢！你是不是以为只要我们杀了康有为革命就成功了？是不是以为我们这么多的革命党，就只有康有为一个敌人？"苏戡愣住了，他还真的没有想过这个问题，他只知道大家都对康有为很愤怒，都在写文章驳斥康有为。他从来没有想过为什么会这样，从来没有想过在这些行为背后有什么意义。

陈少白接着说："你知道吗？康有为的存在，对我们非但不是害处，反而是非常有利的！因为他一直在发表保皇观点，我们才能对他一一驳斥，才能将我们革命党的理论通过这样辩论的形式传达给大家！我相信热血的青年们会有越来越多的人站在我们这边！我们的敌人从来就不是康有为，而是远在紫禁城的清朝政府！如果我们去暗杀了康有为，人们不会称赞革命党，只会认为革命党是乌合之众，是扶不起来的乱党！"

这一番话说得苏戡目瞪口呆。没想到自己投身革命这么多年，到现在，连革命的意义都没有弄明白。他忽然觉得万念俱灰，满腔的热血瞬间被浇成了冰。他觉得自己很可笑，想来自己这么多年到底是在激动什么，兴奋什么呢？他这样跟着大家奔波，到底是为了什么呢？

陈少白怒气还未消，他有些恨铁不成钢地看了看苏戡，没好气地说："你的枪我没收了！我担心枪在你手里，以后还不知道会出什么乱子。你好好反省吧！"说完，他拿着苏戡的手枪回到主编室。其他人还没见过陈少白生这么大的气，他们看到苏戡可怜兮兮的样子，也不忍心再多苛责什么，都纷纷散去回到各自的岗位上了。

而苏戡就如同霜打的茄子一般。不但自己一直以来的革命决心被熄灭，连枪也没了。他也不知道自己是怎么回到住处的，他的大脑一片空白，最后躺在床上，看着窗外的云。多年以来对自己的肯定和确定的理想再度化为泡影。他从小就学会了忍耐忍受，学会了努力不让人挑出毛病，幼年的经历让他变得敏感，变得很怕别人的责备。好在他天资聪颖，又出落得十分英俊漂亮，所以就算平时做出什么愚蠢的事来，大家也对他很宽容，这才让他在革命党的队伍中留有了一席之地。而这么多年来，好不容易建立起的一切，都被陈少白的一番话给打碎了，渣也不剩。

他想，原来自己终究是一个无用的人啊。原来革命队伍需要的从来都不是他这样的只会冲动只会给人惹麻烦的人啊！要革命就得硬气，就得义无反顾，而不能像他这样软绵绵的。革命，需要的是孙中山、陈少白那样的人，并不需要他这种人。他感到很绝望，如果连革命党的队伍也没有了他的容身之处，那他还能去哪里呢？还能去哪里呢？

　　苏戬再度想起了广东的那些寺庙。是了，只有寺庙才是他的归宿，只有出家为僧才是他真正的归宿。他无论到哪里都只会给人惹麻烦，只有到了寺庙，才不会给人惹麻烦了，因为那里本就没有什么麻烦。难不成他还能一把火烧了寺庙么？若是真有那一天，这世上就再也没有他的半点容身之处了。到那时，他就只好一死了之以谢罪了！

　　好在他现在还不用死，天下之大，还有佛堂能够供他寻求宁静。他本就该是佛门中人，只是尘心不死时常回到红尘。也许他的前世是一个六根不净的僧人吧，所以今生佛祖要给他足够的历练，历练够了，他也能真正地皈依佛门了。想到这里，他的心里总算是好受了些，就仿佛是一个困兽终于找到突破口一样。他平静地睡去，带着对佛堂的向往，也带着对这尘世的厌倦。了却繁华与喧嚣。

2

削发为僧

一夜的沉睡，却是灵魂的苏醒。

第二日，苏戬来到陈少白的面前，平静地对昨天的事情表示了歉意，并表达了自己打算归去的决心。陈少白有些失望地看着他，"怎么？被责备了就想走了？"苏戬只摇头说："并不是这样，我只是担心再给报社添麻烦，而且我本就有意皈依佛门，昨天的事只是加深了我对佛堂的向往。"陈少白叹气，"说到底还是因为被说了不高兴嘛，你呀，你看看这里这些人，哪个没犯过错？哪个没挨过训？我知道我平时对大家过于严厉了，但这都是为了革命啊！你还年轻，不要想不开！”

苏戬仍是摇头，“我不是想不开，只是我对佛门向往已久。我会向佛祖祈求，希望佛祖能够保佑这场革命的胜利。我的力量太过薄弱，我的心也不够坚定，未来有朝一日你们革命成功时，我一定会赶过来为你们道贺。”话已至此，陈少白知道自己留不住他。而且这些日子下来，陈少白也看出这个青年太过敏感，太过单纯，确实不适合革命这样残酷的行动。

陈少白叹气，说：“既然如此，我也就不挽留你了。也许留在寺庙对你来说是好事。你走吧，只是不要忘记这里的朋友，更不要忘记曾经与你共患难的那些投身革命的人们。”苏戬点头，转身离开。自从来到香港，他一直过得不痛快，现在这样反倒让他放松了很多。

在苏戬走出报社后，一个年轻人出来追上了他，并将一个小袋子交到了苏戬的手中。那年轻人笑着说：“这个是陈主编让我给你的。陈主编知道如果他当面给你你一定不好意思收，所以让我交给你。你可一定要收下，不然我又要挨训了！”苏戬十分惊讶，没想到陈少白对他竟然这样照顾，自己这样任性实在是有些对不住他。但如果继续留下来，惹麻烦了恐怕只会更加对不起他。他收下了那个袋子，他不用看就知道里面必定是给他的盘缠。他感激地说："请你一定转告主编，是苏戬对不住他，日后苏戬一定会在佛祖面前为他，为你们多上几炷香，保佑你们革命胜利！""那就借你吉言啦！兄弟，一路顺风！"年轻人笑呵呵地说完，又返回了报社。

苏戬看着手中的银元，也转过身离开。他知道身后的报社仍在匆匆忙忙地工作着，他们每时每刻都在作斗争，只是这些都与他无关了。一切都散了吧，散了吧，一切都变得无所谓了。天地也好，康有为也好，梁启超也好，大清朝也好，革命党也好，散了吧，散了吧，不如归去，不如归去。后面那些红尘滚滚只不过是过眼烟云，百年之后你再看又如何？也许这世界很精彩，但那毕竟与他无关。世界是多姿多彩的，但他却是黑白的，从一开始，他与这个人间就格格不入。

离开报社，苏戬带着简单的行李踏上了前往广州的路。香港与广州并不远，他很快就找到了一间最近的寺庙。那庙很小很破，但是无所谓，和尚要出家，还管庙破不破么？既然都是幻象，宝相庄严又如何呢？平添烦恼罢了。

苏戬走进那家破庙，见到庙里有个年迈的僧人正在扫地。僧人一边扫地，一边吟诵着诗歌："扫地扫地扫心地，心底不扫空扫地，人人都把心底扫，世上无处不净地。"苏戬仔细琢磨着他的话，发现真的是太有道理了。是啊，这世上的地每天都有人扫，总是扫不干净，但是在扫地的过程中，如果同时清扫心中的尘埃，那么人必然能活得宁静，活得舒心了。

苏戬闭上双眼，仔细探视内心，他发现自己的心已蒙上了一层厚厚的尘埃。那尘埃上面，有对苏家的恨，有对河合仙的依恋，有对失去菊子的悔，还有在投身革命时的浮躁，这一切一切，都如同戏剧一般在他的眼前转过。有些滑稽，有些悲伤。苏戬仔细想想，其实这些都是很可笑的，尘世的牵绊只是让他变得越来越愚蠢了。若是将这一切尽数扫去了，那么他就真的能心如明镜台，做个得道的僧人了。

苏戬于是又往里走去，扫地的僧人拦住了他，"敢问施主有何事情？"苏戬对他作揖说："我想出家。"扫地僧人点了点头，"那去吧。"说完，僧人继续扫地上的灰尘和树叶。这庙虽然破，却打扫得十分干净，地上的落叶应是风吹的缘故，扫地僧人将它们扫到一起，再装进筐里，等筐装满了，他就背着筐到后面去把筐倒干净继续扫地。这僧人仿佛对什么都不在意，在他的世界里，好似只有这一把扫帚，一个筐，以及这满园的灰尘和树叶了。

苏戬心想，自己到了晚年，不知道是不是会变得和这个僧人一样呢？如果变成了和他一样的人，不知那时自己的心里是会遗憾还是会宁静呢？看这僧人面容枯槁，似乎已经早就没有了喜怒哀乐，他的人生又曾经经历过怎样的故事呢？他是否也如自己一般，是因为看过了太多悲伤的故事，才看破红尘的呢？苏戬轻叹口气，这世上，每个人都有自己的故事，自己的人生尚且过不好，谁又能顾及到别人呢？他最后看了僧人的背影一眼，就走进了寺庙中。

庙里，一个主持老和尚正在给几个年轻和尚讲经。苏戬来到老和尚的身旁，刚要开口，却见老和尚挥挥手，示意他在旁边等候。苏戬不敢怠慢，就坐到了旁边的垫子上，跟着这些僧人一起听老和尚讲经。这寺庙在山林之上，偶尔能听到外面的鸟叫虫鸣。除了木鱼声，讲经声，就再也听不到什么声音了。那岌岌可危的清政府也好，那致力推翻旧社会的革命党也好，那轰轰烈烈的革命运动也好，在这里完全体现不出半点。仿佛这寺庙里千百年前如何，千百年后仍是如何。红尘是什么，不过是海市蜃楼罢了。

这才是真正的世外桃源啊！远离了纷扰，远离了争斗，天下如何谁在乎？苏戬安静听着主持的讲经。主持讲的不过是佛经中的一些佛祖及佛祖的弟子们的故事。佛门的故事十分有趣，充满了各种因果循环的逻辑，这些逻辑恰恰是大自然的天道轮回。苏戡很喜欢听这样的故事，因为在故事里，恶人都得到了恶报，善人最后都得到了好的解脱。就算善人死了，也是去了西天成佛，善莫大焉。

　　苏戡在想，不知道现实生活中，是不是也是这样的呢？自己的生母虽然被逼死了，但也许她死后就去了极乐世界享福了呢。而且在那样的时代里，死了要比活着更轻松。苏家虽然做了许多恶事，但是苏家现在也早已没落，更何况还出了他这样的逆子，这算不算是报应呢？至于他自己，他不想害任何人，但他的出生就害了他的生母，他的爱情又害死了一个正当好年华的女孩子，他的存在也害得河合仙忍辱负重，日后，他是会得到善报，还是恶报呢？如果说他的出生就是恶，那么他从小到大遭受到的痛苦和虐待，就是上天给的报应吗？倘真如此，那么他得到的报应也够多了，不知道有没有抵消了他的罪孽啊。

　　主持讲完经后，才问苏戡："我刚刚听到施主在外面说你想出家？"苏戡点头，"还望大师接纳！"主持问他："你的六根可清净了？你确定自己可以接受剃度，从此皈依我佛吗？"苏戡点点头，"我确定。我已经看破一切，现在只求大师能给予解脱。""好吧。"主持嘱咐一个年轻的僧人去准备受戒仪式，并让苏戬在一旁稍作等待。过了一会儿，僧人端来剃度需要的用品，主持便开始为苏戬剃度了。

苏戬跪在垫子上，双手合十看着佛祖，他的烦恼丝在主持的手中纷纷飘落。从今往后，他就与凡尘彻底隔断联系了。主持又拿着香开始为苏戬受戒。苏戬感受着来自头顶的疼痛，每痛一次，就割断了一层他的牵绊。从此情也好，爱也好，贪也好，怒也好，都随他远去。他就要获得真正的宁静了。这一次他的出家比从前要彻底许多，他不但受了戒，还获得了自己的法号"曼殊"。从此人间再也没有苏戬，只有僧人曼殊了。

这一次出家，苏曼殊心中平静了很多。大概人只有看得多了，才能放得多。一个人如果将尘世的一切都经历一遍，他也能够彻底看透了。平时不诵经的时候，他会安心作画。他一直都很喜欢作画，只是很少有机会。时局动荡，他总是不断颠簸，能够安静下来作画的时候简直是少而又少。如今他待在这小破庙中，望着远山，望着山下红尘，看着山林中的飞鸟鸣虫，心中无限惬意。苏曼殊将这一切都交付在了画卷之中。在他的画里，飞鸟们自由自在遨游在天空上，没有痛苦，也没有悲伤。这山石草木若是懂得人言，不知道会说出怎样的故事，讲出怎样的经历呢？

　　苏曼殊每日与天地为伴，与花鸟为友，想来神仙也不过是如此了。当然，他与神仙还是有所不同的，神仙毕竟可以吞风饮雾，他却不能，他是肉体凡胎，是要吃饭穿衣的。这破庙平时没有人来，自然也就没有香火钱。大家想要吃饱饭，就得出去化缘。有很多意志不坚定的小和尚因为受不了这里的苦，都纷纷回家去了。渐渐地，苏曼殊也有些坚持不下去了，而且在宁静了几个月之后，苏曼殊又有些怀念外面的凡尘。

　　后人常说，苏曼殊是一个亦僧亦俗的才子，其实也的确如此。他在红尘之中时，想着青灯古寺，在古寺之中时，却又怀念红尘。他总是一脚在红尘之外，一脚又在人世之中，一直到人生的最后，他仍然处在僧与俗的中间。或许，僧与俗本就没有什么明确界限。既然一切都是幻相，那么是僧是俗又能有多大区别呢？非要定个界限加以区分的话，不过是徒增烦恼罢了。

　　叶，只有在飞舞飘落的瞬间，才是最美丽动人的。

3

云游僧人

微风带走的，是不堪回首的昨天，岁月带不走的，却是长久的依恋。

在破庙最后只剩下主持老和尚和苏曼殊的时候。苏曼殊借着一个化缘的机会离开了寺庙，并开始了他的云游僧人的生涯。虽然离开了庙，他却没有离开佛，苏曼殊彻底抛弃了自己在苏家的身份，身上的袈裟再也没有脱下来过，与人相处的时候，他也告诉别人，自己是曼殊和尚。至于苏戬这个名字，那已经是前世的事情了，不足提起。

　　离开了香山的苏曼殊先是回到了香港，之后又回到了上海。当他踏上上海的街道，心中生出一种物是人非的感觉。上海还是那个上海，繁华的港口城市，承载着一代又一代淘金者的梦想。有人在这里找到了归宿，也有人在这里破碎了理想。此时此刻，上海与其他的繁华城市一样，也在上演着革命党与守旧派的争斗，还有各种投机分子希望利用乱世大捞一笔，至于那些执着于权力的人，发国难财的人就更是层出不穷。

　　每个人来到世上，都是匆匆过客，有些人与之邂逅，转身忘记；有些人与之擦肩，必然回首。

　　他先是去见了陈独秀，陈独秀一看到他大吃一惊，"我是听说过你想出家，没想到你还真出家了啊！没道理啊！你这么心思细腻的人，就算出家了大概也会六根不净，我看你还是还俗吧！"苏曼殊笑笑，"僧俗不过是世俗的看法，我已经不在乎了。我现在可以僧也可以俗，现在的状态很好，让我很冷静。""那就好。其实我也一直觉得你不适合跟我们这群人搞在一起，你呀，太柔和，太安静，不像是能揭竿起义的人！我看你不如享受现在，适当地别忘了写点小诗给我们投过来，我们正缺你那种类型的稿子呢！"苏曼殊笑着回答："遵命，遵命。"

第 7 章
又听寒山夜半钟

从陈独秀处告辞出来，苏曼殊想起回国之后还一直没能去拜见庄湘先生，也不知道先生的家是不是还在上海，是不是还在老地方。记得离开上海时，苏曼殊曾经对庄湘说过，自己的心是在佛门的，日后也一定是要皈依佛门。如今他真的当了和尚，他也该去拜见一下庄湘先生，让先生知道自己并非是食言而肥的人，也并非是故意找借口拒绝他的女儿雪鸿。

虽然过了很多年，但上海的街道依然如旧，并没有太多的变化。如果说上海与几年前有什么不同的话，大概就是那些藏在角落里的蠢蠢欲动的各种势力和力量吧。即使你走在大街上，偶尔投过来的不善眼神，以及街角边的窃窃私语，都能让人感觉到这个城市的紧张。不光是上海，在中国，略繁华些的城市都是这种紧张的状态，似乎所有人都在绷着一根弦，随时随地都有可能爆发。

那时候，如果你时常驻足在上海的街头，你一定能听到偶尔传来的枪声，如果幸运的话，你还能亲眼见到暗杀现场。一个从黄包车上下来的人忽然失去了性命，或者一个从商场走出的人忽然脑门被子弹穿透，这已经让人见怪不怪了。如果死的人是一位名流人士，那么当时就会引起各个报纸的头条讨论，也会引发社会慌乱。如果死的只是一个普通人，那么虽然不会引起什么恐慌，却很可能对某个藏在暗中的组织造成了不可磨灭的伤害。

好在苏曼殊并没有见到这样的现场，不然恐怕他的心里又要被留下阴影了。他循着记忆的路线，来到了庄湘居住的地方。来到门前，他按响了门铃。其实他并没有抱太大希望，毕竟局势已经这么紧张了，庄湘老师身为一个西班牙人，很可能早就已经回国避难去了。苏曼殊等了一会儿，见无人出来，正打算转身离开，却忽然见到一个熟悉的身影打开了门。

"先生！"苏曼殊激动地看着这个启蒙了自己对世界看法的老师。庄湘第一眼并没有认出苏曼殊，直到听到他的声音，才惊讶地说："你是苏戬!?"苏曼殊开心地笑道："是我啊先生！不过我已经不是苏戬了，我现在已经出家为僧，法号曼殊，先生叫我曼殊就好。"庄湘惊异地看着苏曼殊，他万万没有想到当初那个英俊的少年真的剃度做和尚了。"曼殊，曼殊，真是太让人惊讶了，来来来，进屋坐吧！"

苏曼殊开心地走进了那间熟悉的屋子，在大厅里那个熟悉的沙发上坐下。苏曼殊环视四周，发现除了家具变得旧了一些之外，并没有太多变化。只是很多值钱的东西似乎都不见了。苏曼殊坐好后开口说道："没想到先生还在上海，我还以为先生已经回国去了呢!"庄湘叹气说道:"我的确是要回去啦,如果你再晚来两个月,你就看不到我了!多年不见啦,我先去给你冲杯咖啡。"

庄湘去一边冲泡咖啡,而苏曼殊则仔细环视四周。庄湘泡好咖啡,端着来到苏曼殊面前时,看到苏曼殊的神情,笑道:"雪鸿已经不在这里啦,她已经跟她妈妈回国了。我也快要回去了,你看,家里值钱的东西基本都已经被我卖掉了。"说着,他坐在苏曼殊面前,将咖啡放在桌上。

没能见到雪鸿,这让苏曼殊有些遗憾,不过能见到先生总是好的。还好他赶在先生离开前见了先生一面。庄湘问苏曼殊:"你现在出家了,日后可有什么打算么?"苏曼殊说:"我受戒的那家庙实在太破,无法继续停留,而我始终记得先生对我讲述的欧洲和东南亚那边的风土人情,我希望利用往后的日子到处去游历。""那你现在还是由你表哥资助吗?"苏曼殊摇摇头,"我早就与表哥决裂了,也与苏家决裂了,我不可能再和他们扯上任何关系。至于游历的费用,我会一边化缘,一边向报社投投稿子,或者到当地找个学校教书,反正人总是有办法活下来的。"

庄湘点点头,他说:"这样吧,我在这边变卖的大部分钱财也拿不走，不如我就把这些钱财交给你，你就拿着这些钱去游历，这样也省了许多麻烦。"苏曼殊连忙拒绝："这怎么可以？曼殊何德何能？哪有资格拿先生的钱？"庄湘却无所谓地摆手道："不要这么说，老实说，过去我一直希望你能成为我的女婿，可是你说你要出家，这事也就罢了。虽然不能做女婿，我还是希望把你当作我的儿子一样。更何况以后我回到自己的国家，这边的很多东西都顾不上了。往后也不过是留给外人践踏，倒不如都给了你的好。"

苏戬万分感激，连忙称谢。其实苏戬并没有说错，他从来都没有在意过钱财。小时候，他在苏家，虽然苏家是大家大业的，但是那些钱财基本都与他无关。就算身在名门，他一样要过着穷苦人家孩子的日子。后来长大了，家里为了让他光耀门楣就花钱送他学习。所以一直以来，他对钱都没什么向往。有钱又如何，苏家是有钱，但是都在做着龌龊的事情，他自己没有钱倒也落得清闲。所以他的一生都没有为钱财苦恼过。如果说他有佛缘的话，大概就是这份天生的淡然了吧。

不管怎么说，得到了庄湘的资助，苏戬就更能放开手脚开始他的云游僧人的生涯了。僧人向佛，世间处处有佛。僧人无家，一草一木处皆为家。苏曼殊的人生，有很多人十分羡慕，毕竟游历四方并不是谁都能做到的。但是谁又希望有苏曼殊那样的家庭背景呢？就算平凡一生，也好过成为这种故事的主人公啊。

庄湘就要离开上海了。在他离开前的这段日子，一直都是苏曼殊在与他作伴。闲时他们会讨论那些欧洲的诗歌。苏曼殊在日本的图书馆看过很多精彩的著作，他将这些作品的内容讲述给庄湘听，令庄湘赞叹不已。庄湘知道，自己的这个学生如果不是生在乱世，必然能成为一位很好的学者。可惜这个时代并不容许学者的存在，叹只叹这孩子生不逢时了。

西班牙那边时常来信催庄湘尽快回去，他的妻子和孩子都不希望他在这边停留过久，他也觉得既然有了苏曼殊，这边的事情也就不用再怎么打理了。他将剩下的事情都交给了苏曼殊，让他代为安排，自己则选择了一个好日子离开。

那天为庄湘送别的只有苏曼殊一个人。这也是情理之中的，在这乱世之中，谁还能顾及到谁呢？庄湘问苏曼殊："你要旅行的话，打算先去哪里呢？"苏曼殊想了想，说："我想先去东南亚看看，我还没去那边看过。先生说的那些名胜我都想亲眼见一见。"庄湘点头，"很好很好，你不如将你的所见所闻记录下来，若是能编撰成册，也不失为一件美事了。"苏曼殊点头。

轮船就要开了，他们不得不分别。苏曼殊紧紧拥抱着庄湘，这个亦父亦友亦师的人，这个打开了他的眼界的人，这一分别，大概今生再没有相见之日了。一个人活得越久，就会遇到越多的人，遇到越多的人，就会经历越多的分别。苏曼殊不喜欢分别的感觉，但却无可奈何。人在这世上辗转奔波，不知道何时是尽头呢？只有死亡才算是尽头么？

　　苏曼殊缓缓放开庄湘，庄湘眼中含泪向他告别，并转身踏上了轮船，踏上归乡的旅程。苏曼殊眼看着轮船开走，往海天的那一边儿驶去，渐渐消失在海平线的另一端。再望眼前的大海，只有几声海鸟鸣叫罢了。

第 8 章

独有伤心驴背客

父亲离世

离别和相逢，是生命常常演绎的故事。也因此，每一个人生才会悲喜交集。然而，经历过命运沉浮的人懂得，相逢与别离，皆是命运恩遇的缘分。

就在苏曼殊离开寺庙去香港的那段日子里，他偶然遇到了当初在广东的同乡。这位同乡起先并不敢认苏曼殊，他无法确定这个人儿时的那个苏戬，无奈他越看越像。后来他终于鼓起勇气，上前拦住了苏曼殊，礼貌地问："这位大师，我看你与我一位故人十分相像，不知道您是否知道一个名叫苏戬的人?"
苏曼殊看了看他，仔细想了想，方才想起，"你是某某?"这位
同乡更是惊讶，"这么说你真的是苏戬?!"

"阿弥陀佛……"苏曼殊双手合十说，"苏戬已经不在了，
贫僧苏曼殊。"同乡只是感慨道："不论你是苏戬还是苏曼殊，
我可总算是找到你了!"苏曼殊问："施主找我何事?"同乡说：
"你这些年与家里割断了联系，你大概不知道，你的父亲苏杰生
现在身患重病，就快要死了，你身为他的儿子，临死前最好还
是去见他一面吧!"苏曼殊听了这个消息，心中竟激不起半点波
澜，他仿佛在听别人家的故事一样。他说："苏曼殊已经出家
为僧，六根清净，无父无母。施主若无他事，曼殊要走了。"同
乡见此，连忙拦住他说道："好好好，你既然这么说，我也没
办法说什么。不知道你现在住在哪里? 你我同乡一场，再次相
见也算缘分，改日我还要再上门与你相聚。"

苏曼殊想了想，告诉了他地址。毕竟苏曼殊并没有打算在
香港长留，那也只是一个临时的住址，就算告诉他地址倒也没
有什么。他将地址给了同乡之后则离开继续化缘。同乡得到他
的地址，并没有继续在香港停留，而是直接返回了苏家，将遇
见苏曼殊一事告知了苏家的人。

这位同乡完全是存着一番好心。他感念苏杰生命不久矣，看着一个生命垂危的老人完全失去了往日的生机，而他临死前最大的愿望就是再见儿子一面，作为一个有血有肉的人，又怎能不动容呢？不管苏戡怎么想，至少他一定要为这位老人尽一份绵薄之力。此时的苏家早已没了往日的辉煌。随着时代的动荡，大清朝的没落，这个依附于大清的家族也就跟着没落了，这时候生意不好做，之前花钱买的官又都没用了。当时很多的家族都如这个家庭一样，他们不过是被时代淘汰的废弃品。

　　苏曼殊在香港多驻留了些日子，他也不知道自己是为什么在此驻留的，也许是心中在暗暗期待着什么吧，又也许只是希望一切都能有一个最终的交代。几天之后，他的住处就接到了苏家来信，信中说苏杰生的病已经十分严重，几乎是奄奄一息了，苏杰生吊着一口气全是为了等待儿子回家，只有看儿子一眼，他才能瞑目。

　　苏曼殊看了信，心中想到的却是，当初生母若子在死的时候是否瞑目了呢？那时候若子一定也是期盼在临死前能够重新寻回苏杰生的温柔吧，可是苏杰生又是如何对待的呢？他不过是弃自己的儿子和女人不管，把他们当做洪水猛兽般躲避着。那时候，又有谁怜惜过那个可怜的女人呢？现在这个想要见儿

子的父亲摆出一副可怜的样子接受着大家的同情，可是当初又
有谁同情过若子呢？当初他苏曼殊在柴房里奄奄一息快要死去
的时候，又有谁同情过他呢？

可笑啊可笑，也许这就是天理循环、报应不爽吧！当苏曼
殊想到这一切，他看信时心底生出的柔软再度变为了坚硬。他
心想，你想见我，不过是因为我是与你有血缘关系的儿子，是
你生命的延续。当初你改变了母亲整个人的命运时，你是那样
快乐，那样肆意；当母亲死时，你对她弃之如敝履。说到底，
是因为母亲跟你没有血缘关系。你们这些人，将血缘看得那么
重，既然如此，你就与你的妹妹结婚好了，何苦来害本与你无
关的无辜女人呢？

苏曼殊直接将信撕掉。他就当完全不知道这些事情，继续
在香港化缘。偶尔的时候，他会去与之前在香港认识的朋友相
聚，谈一谈天下，谈一谈风月。当年的同学都没想到这个男孩
子竟然会出家，出家也就算了，他竟然还出家得这么不安分，
不是在庙里老实待着，而是到处走，到处活动。但看他言谈举
止，又的确是一个世外僧人的样子。大家都觉得他十分矛盾，
觉得他不僧不俗的。但他却是乐在其中，享受着亦僧亦俗的人
生。

没过多久，苏曼殊又接到了一封信。信中斥责了他的不孝，并告知了他苏杰生已经去世的消息，说如果他还有一点良知就回家奔个丧，也算是尽孝了。然而苏曼殊已经不想和苏家有任何来往。他在香港停留了这么久，也许隐约间他就是在等待这样一个消息，这样一个能让他的心也尘埃落定的消息。苏家的祖父祖母死了，苏家的父亲死了，那些伤害过他生母和养母的人都死了。你看，人就算是再横，也横不过时间。难怪当初河合仙会对他说让他活下去，因为只要活下去，就能看到那些当初飞扬跋扈的人的下场，就能获得真正的解脱。

苏曼殊看了看天空，不知道生母若子此时是否在天空中微笑呢？苏杰生死了会去哪里呢？会去与若子团聚吗？苏杰生会去找到若子，对她说一声"对不起"吗？虽然佛家都说人是有来生，是有灵魂的，但其实苏曼殊并不相信。也许人死了，也就是真的死了，什么都没了。死了以后就彻底安静了，什么都放下了。就好像睡着了一样，人睡着的时候什么都不知道，所以死后大概也是如此的。什么爱啊，憎啊，恨啊，也就都没有了。

"死了是一种解脱，你也终于可以解脱了。"苏曼殊对着天空说。他不知道苏杰生能不能听到他的话，但他讲的的确是真

心的话。他忽然觉得其实苏杰生也很悲哀，一个人能够无情到
那种地步何尝不可怜呢？且不管他这辈子良心是否能得安，至
少他的灵魂已经坏掉了。一个人在做了令人憎恶的事情之后，
他就算不会难受，至少也不会好受吧。

这个时候，远在广东的苏家已经开始为苏杰生出殡了。他
一生女儿多儿子少，临死了连个给送终的儿子都没有，这真是
一种悲哀。当然，死了的人也感觉不到悲哀了。苏家人在为他
奔丧的同时，也在痛斥苏戬这个逆子。

"到底是日本女人生，日本女人养的孩子，早就说，日本女
人生的都是白眼狼。""这几年日本人越来越猖獗了，看来日本
人还真不是好东西。那个白眼狼身上有一半的日本血统，当初
家里就不该把他接回来，你看看他现在都在做什么，自己出息
了就彻底抛弃生他养他培育他的苏家了。也只有他做得出啊！"
抱怨声在送葬队伍中不绝于耳，让棺木里的死人也不能安宁归
天。

"只是可怜了老爷，他吊着一口气，等了那么多天，就是为
了看儿子一眼啊！那个白眼狼竟然狠心到那种地步！""都说是
白眼狼了，不狠心能叫白眼狼么？"大家责骂起来，让各自心中
的悲伤情绪减轻了很多。最后这场送行竟然变成了对苏曼殊的批

判大会。

　　人就是这样，谁都只能看到眼前的果，却没有人去想想曾经的因。如果一个做了恶事的人真的得到了报应，也没有人会承认这是因为做了恶事的结果，他们只会埋怨老天的不公。人人都渴求在世间寻求一份公平，但是谁又能做到公平呢？如果公平，就不会"朱门酒肉臭，路有冻死骨"，如果公平，就不会有那么多冤魂徘徊在轮回门前，不肯转生了。

　　苏曼殊在得到苏杰生死亡的消息之后，觉得自己的尘缘真的是彻底了了。当他在上海送走庄湘之后，又多停留了几天，帮助庄湘打理离去后的事宜。当一切都妥当之后，他拿着庄湘资助的钱财，准备开启他环游世界的旅程。了无牵挂，任着脚步，踏遍万丈红尘。

2 暹罗之行

多年以后，才懂得，原来旅游和旅行，是两件事。前者是身体踏上异乡，后者是灵魂的远行。

苏曼殊的旅程并不似现在的旅游团那样，坐着飞机，嗖地一下就到达目的地。一到目的地便开始疯狂购物，买完了再去下一个地方，看几个名胜古迹，拍几张照片，玩一圈之后再坐飞机回去。

苏曼殊的行程，与其说是旅行，不如说是苦行，更多了一种体验生命的韵味。虽然他得到了庄湘的资助，但他还是更愿意如一切苦行僧人那样，徒步而行。他先是坐船来到南亚地区，然后随心而走，随心而落。有时候能够找到落脚点，他就住得舒服些，找不到落脚点，他就找个能避风的地方睡下。有时候他会花钱买路边的小吃，有时候，他会摘树上的果子。南亚那边的果子都是热带水果，倒也是营养十足的。

他先是到了越南。作为一个僧人，无论到了哪里，都是寻找当地寺庙。他在越南的一个无名寺庙里停留下来，如一切苦行僧那样，在寺庙中拜佛入禅。这寺庙经常有苦行僧人等经过，庙中和尚也都习以为常，不过这个从中国来的年轻人还是让他们好奇了。

苏曼殊在这寺庙中住了几日，东南亚的风情与中国有很大的区别，那里光是天气的炎热就让人不适应。他袒露着右肩，与当地僧人做同样打扮。他对那边的语言并不大熟悉，不过还是能与其他僧人们做些简单交流。僧人们也十分喜欢与他来往，苏曼殊身上的那种宁静的气息让他们十分喜欢，他们觉得眼前这位大师身上很有佛气，都想来沾一沾佛缘。

在越南做了短暂的停留之后，他又来到老挝，最后在暹罗停留了很长一段时间。他的停留主要是为了一个原因：在暹罗有一位得道高僧，是乔悉磨长老。这位长老最引以为傲的就是对梵文的精通。要知道，不论在何时，懂得梵文都是佛教中最受尊敬的能力。因为佛经中的许多高深部分都是由梵文撰写的，懂得梵文的人才能看懂那些佛经，才能将佛经传给其他僧人。

苏曼殊早在中国的时候就已经对这位僧人十分神往，这次能够来到暹罗亲自会见这位高僧，他自然不会错过机会。一到暹罗，他就立刻找到这位高僧的所居之地，上门拜访。这时候的他对当地的语言已经有了一定程度的掌握。当他见到乔悉磨的时候，简单说明了来意。乔悉磨一见这位年轻的僧人，就对他颇有好感，于是将他请入寺中，与其攀谈。

通过攀谈，乔悉磨长老发现苏曼殊是一个别具慧根的年轻人。他不论是在学习语言上面，还是在对佛经的理解上面，都颇有独到见解。而乔悉磨长老是见过很多世面的人，他看出眼前这个年轻人与佛十分有缘。就算今生只有一只脚踏在佛门内，他也是佛祖在人间的弟子。所以他很快就喜欢上了这个异国的僧人，并答应在接下来的日子里，传授他梵文。

学习梵文的过程是愉快的。苏曼殊本就是一个对语言学习十分有天赋的人。小时候，他从日本来到广东，在很短的时间里就学会了广东话，后来去了上海，他又很快掌握了当地语言，之后学习英文，他的接受速度让他的英文老师庄湘非常吃惊。在学习语言的问题上，他从来都没有吃力过。他简直就是享受着学习语言的过程。因为，多学一门语言就意味着多打开了一个新的世界，就意味着他在阅读的选择上又多了一个区域。当初学会英语之后，他就为那些欧洲的诗歌、戏剧、小说等沉迷，他不但翻译了雨果的《悲惨世界》、大仲马的《茶花女》，还品读了雪莱、拜伦的曼妙诗篇。

现在我们在书店的书架上面总能看到许多从国外翻译过来的作品。所以我们哪怕只是一个初中生，也能遍读那些来自世界各国的优秀作品。但其实我们读到的不过是译者的二次创作。如果我们找到原文品读，就会发现很多滋味都和翻译过来的不一样。所以，即使在现在，如果我们多掌握一门语言，也是可以享受更多的阅读乐趣的。

苏曼殊因为急于想品读那些印度佛经，所以十分积极地学习梵文。与乔悉磨长老学习的过程是十分愉快的，乔悉磨长老是一位非常和蔼可亲的老人，他时常会冒出一些玩笑话让苏曼殊措手不及，待苏曼殊不知所措的时候，他又哈哈大笑起来，仿佛胜利了一般。这个长老就如同孩子那样天真可爱。苏曼殊也非常喜欢同他交往。每当苏曼殊多学了一些内容时，他就能多读一些佛经。一开始，他试着去理解佛经中的句子。理解对了，乔悉磨就微笑颔首，理解错了，乔悉磨就会为他讲解。苏曼殊在阅读的过程中，循序渐进着学习梵文，这样他掌握梵文的速度就更快了。

乔悉磨还从来没有见到过这么聪明的年轻人，苏曼殊的机智令他惊讶。一直到苏曼殊离去，他都对这个年轻的僧人恋恋不舍。他知道，再加以时日，这个年轻人一定能做出不凡的成就来的，当然，前提是这年轻人要活到那个年纪。虽然在暹罗的日子让苏曼殊很愉快，但是乔悉磨却看出这个年轻人是体弱多病的。这样的身体，也不知道会为他支撑多少年。只是不要太早陨落就好，不然实在太可惜了。

离开暹罗之后，苏曼殊又去了印度半岛。他已经熟练掌握梵文了，正可以去印度"取经"。他忽然想，自己此时就如同唐僧一样，虽然他没有孙悟空、猪八戒、沙和尚为他护航，但是途中也没有妖魔鬼怪阻他行程，只有各地友好的僧人，以及和善的老百姓们。到了印度，他并没有作过多停留，而是直接来到印度半岛最南边的锡兰。锡兰有一个十分有名的寺庙，苏曼殊直接住了进去。对僧人来说，全天下的僧人都是朋友，所以对于他的入住，锡兰的寺庙是十分欢迎的。

苏曼殊来到锡兰之后，首先投入到寺庙中那些如同瑰宝一样的佛经当中。因为他已经有了梵文基础，读那些佛经丝毫不费力。阅读这一世上最美好的活动让他简直忘记了一切。当地的僧人对这个通晓梵文的中土僧人十分尊敬，都敬爱地称呼他为"曼殊法师"。对于苏曼殊来说，这一番旅程才是真正地出家了。沿途一路拜佛，让他觉得自己离佛祖更加接近了。

苏曼殊在那里停留了几个月，到了7月的时候，他听说当初在日本的朋友秦效鲁回到了长沙，于是回到中国前去拜访。这个时候的秦效鲁正在湖南实业学堂任教务监督。苏曼殊到了那里，接受了秦效鲁的邀请，开始在实业学堂任教。比起闹革命，苏曼殊更喜欢这样的教书生活，因为与学生交往时，他不用有过于激烈的情绪，只要平静教书就好。能够让自己学习的知识派上用场，苏曼殊也很高兴。

中华大地上，革命仍在进行着，并且已经颇有成效。而清朝已经即将走向破灭，其中一个典型的标志，就是科举制度的废除。当这个消息被传扬开来时，所有书生都如同丢了魂一样痛苦起来。十年寒窗苦读，等的不就是有朝一日高中榜首的那天？如今科举制度废除，他们怕是再也没有出头之日了。不论如何，慈禧的这一举动为时局的动荡又添了一笔华彩。

第8章
独有伤心驴背客

　　同年，孙中山在日本横滨，将日本所有的革命力量凝聚在一起，组成了"中国同盟会"。同时确定了同盟会的宗旨："驱除鞑虏，恢复中华，建立民国，平均地权"。苏曼殊的很多同学都加入了同盟会。唯独苏曼殊本人对这些并不感兴趣。他更享受在学堂安静教书的感觉。

　　眼看着同学们一个个都在积极参与革命活动，苏曼殊却只能漫无目的地在长沙等地四处游荡。他想找来同学一起聚一聚，但是大家明显都很忙，无暇陪他闲聊。无聊中，他在没有课的时候，就在家把玩诗词。他的闲散，与众人的积极热血形成了鲜明的对比。这让苏曼殊感到苦闷起来，仿佛整个世界都和他脱了节一样。当年时常在一起谈笑的同学们，为什么都在渐渐与他疏远了呢？

　　他又变成了孤单的一个人。朋友们的活动，他无法融入，朋友们的热血，他受不到感染。而他的清静，他的情怀，更无人理解。他开始闭门造车，在家里作画。有时候，他作出一幅让自己十分满意的画卷，想着要让同学们一起来欣赏，然而一想到现在同学们都在忙着闹革命，根本没人能理会他，他就黯然地将画扔在地上了。无人欣赏的画，留着它们又有什么意思呢？苏曼殊觉得很无趣，就将那些画都烧掉了。

可是他心中寂寞难耐，不知如何排解，只好继续作画，画了之后又继续烧掉。他变得矛盾极了，这种矛盾的情绪简直快要把他逼疯了。于是他的性情开始变得喜怒无常，变得时常大悲大喜，这不论在佛家而言，还是在养生而言，都是大忌，但是他又能怎么办呢？他总是与周围格格不入，谁又能明白他的心呢？

有一次，他去上海找秦效鲁，同时还叫来了许多朋友去吃西餐。因为朋友不多，他就让朋友们再叫些朋友来，人越多越好。他是太寂寞，太需要热闹一下子了。秦效鲁不明白他这是要干什么，他只是笑笑说："人少了没意思。"他的笑容里写满了寂寞，只是忙于搞革命活动的秦效鲁并没有注意到。

到了吃饭的那一天，果然来了很多人。苏曼殊十分高兴，他高声说："今天来到这里的人，都是我苏曼殊的朋友！我不论你们姓甚名谁，只知道你们都是当今的有识之士！你们是中国未来的希望，往后推翻旧社会，建立起民主自由的新世界，就全靠你们了！"说完，他也不理会其他人，自己开始吃起来。大家见餐桌上各种食品丰富，也不客气，大方吃起来，吃完之后各自离去，全由苏曼殊一人结账。大家没想到这个僧人竟然这么有钱，出手这么阔绰。秦效鲁也惊叹道："苏曼殊上人当真是游戏人间，视金钱为粪土啊！"至于他心中的落寞，根本无人知晓。

只是请客吃饭，已经不能满足苏曼殊的心了。他的心快要空了，他需要往里不断添补，只要将心填满了，他才不会被孤独淹没，才不会感觉自己回到了小时候的苏家宅院中。那噩梦般的场景他今生再也不想梦到了！后来，他开始出入上海的青楼。这也是别人说他不僧不俗的原因。一个犯了戒的僧人又叫什么出家人呢？更何况他犯的还是色戒。

青楼的女子是世上最多情也是最无情的人。只要你有钱，她们就会是最柔情的天使。苏曼殊不缺钱，庄湘给他的钱足够他挥霍一辈子了。歌女们不似那些热衷革命的朋友，她们愿意把所有的欢乐都奉献给苏曼殊一个人。这样多好，即使是需要付钱的，也好。不需要付钱的人都太矫情了，太没意思，这样付了钱买快乐的人生才最是爽快！

然而，到了午夜梦回的时候，想起自己竟然堕落至此，他又不觉哀从心来。他觉得自己真是一个可怜的人，可怜而又可悲。现在他明明什么都有了，偏偏总是活在过去的恶梦里。童年经历的种种如同魔咒一般，缠绕在他的心头挥之不去，就算强行欢笑，也只是让他如一只将头埋在沙子里的鸵鸟一样，当他抬起头，还是会看到这个悲惨的自己。

有趣的是，他这样的真性情，反而真的打动了青楼的歌妓。这些歌妓也是风尘中人，她们最懂得尘世的悲凉，最懂得世情的冷漠。其中有一个名叫素贞的歌妓，自从与苏曼殊相识之后，她看到了他心中的苦闷，那种苦闷让她感同身受，他们真的成为了交心的朋友。

有时候，苏曼殊会强颜欢笑，用笑声掩饰自己的悲苦，素贞看到他如此，更觉心疼不已。没想到在这个尘世上，最后懂得一个僧人的落寞的人，竟是一个风尘女子。

3

辗转四方

　　因为爱过，所以他才懂得真正的慈悲。他付人以温柔和疼惜，却再不会予人以深情。

　　那段时间，苏曼殊在青楼留下了许多情，然而，他却不敢为任何一段感情许诺什么。他曾经深爱着一个女子，那个女子却因他而死，从那之后，他已经再也不敢对爱情有什么渴望了。世间有那么多美丽善良的女子，他却不敢触及，他怕自己一旦伸手，就会把对方碰坏了。他猜自己可能命中注定要孤寂的，他没有资格给予别人爱情，更没有资格获得别人的爱情，他只要孤独一生就好，只要像所有的僧人那样，最后在青灯古佛面前结束生命就好。

江南是一个十分美好的地方，在那里，许多文人骚客们都留下了自己的情，留下了自己的爱恋。苏曼殊在杭州停留了许久，在那里，他的内心暂时安宁了下来，并安心作画。他将画作好之后，想起仍在革命队伍中奋斗在第一线的陈独秀，便把画作寄给了他。他是很佩服陈独秀、章士钊这些人的，他佩服他们能有坚定的决心，能激发起无穷的热血，为这个国家奉献力量。偏偏他自己就无法做到这一点，好在他与这些人都是朋友，这也算是他心中的一点安慰了。

苏曼殊总是居无定所，那时候，他在一个地方停留不久，就会换一个地方。如果在哪里待久了，他就会烦闷得不行，难受得不行。只有换了地方，他才会重新寻回心中的安宁。离开杭州后，他又去往南京。在那里，他在陆军小学谋求了一份英文老师的工作。他当然是不缺钱的，他之所以要找工作，只是因为必须给自己找点事干，不然他会寂寞得发疯。

在陆军小学，他遇到了当初在日本认识的刘三。刘三名叫刘季平，当初在日本，他与苏曼殊、陈独秀、邹容等人都是非常好的朋友。苏曼殊十分怀念那段时光，那时每个人都有自己的特点，他们彼此呼应，彼此相衬，彼此互补，凑成了一个十分愉快的朋友圈。他们经常在一起谈天饮酒，其中最爱饮酒的就数刘季平刘三了。苏曼殊特别喜欢刘季平，大概是因为二人性格相合的关系吧。刘季平爱喝酒，活得肆意而痛快，这恰好与敏感易悲的苏曼殊形成了对比。

当时在日本与他们关系很好的邹容，在回国之后，写下了《革命军》，这书一经刊登，立刻在当时引起了不小的轰动，掀起了一阵革命热潮。也正是因为如此，《苏报》才受到牵连，被清朝政府查封，作者邹容也被抓进监狱，在几个月后，他因无法忍受监狱内的折磨，患病死亡。

孙中山曾经说过，在革命的过程中，一定避免不了牺牲，但所有的牺牲都是值得的，会被革命同志们牢牢记得的。邹容的死让革命的同志们悲痛不已，然而，却没有人敢为他收尸，因为为他收尸等于说明了自己的立场，下一个死的就很可能是自己了。当时，负责安葬邹容的责任就被刘季平接下了。刘季平时虽然看起来大大咧咧的，但关键时刻，他是可以为朋友两肋插刀的人。对其他革命党来说，邹容只是一个可敬的同志，但在刘季平的心中，他就是他们一生的朋友。

在邹容被安葬后不久，陈独秀、蔡元培、苏曼殊等人都前去为他吊唁。苏曼殊虽然自己并没有直接参与革命，但是这些革命党中绝大多数都是他的同学，他的朋友，不论谁死了，都会激起他心中的无限悲伤。

他们都是在尘世上漂流的过客，有人选择取义成仁，有人选择皈依佛门，这都是人各有志的事情，无可厚非。苏曼殊唯一能做的，就是经常为这些同学们送去精神上的支持，以及适当的物质上的支持。他既然没有革命的热血，也就只好作为一个朋友，为朋友们送去绵薄之力了。后来刘季平因为参与了刺杀两江总督，被捕入狱，半年后才因为多方好友的努力而出狱。为了暂时避开锋芒，刘季平再次东渡日本，那段时间是刘季平最苦闷的日子，苏曼殊很懂得那种苦闷，所以时常与他联系，安慰他的情绪。

苏曼殊后来又去了长沙明德学堂教书，之后又去了芜湖，最后到皖江中学教书。虽然苏曼殊没有直接投身革命，但他所任教的学校，都是当时革命党开办的学校，他也算是通过自己的学识，间接为革命奉献了自己的力量。他虽然没有战斗的决心，却有着丰富的知识，在他的课堂上，学生们听着他的课，听他讲述那些各种新奇的事情，都被他深深影响和感染了。曾经，他的老师们为他开启了一个又一个的新世界，而他做的，不过是将那些钥匙交到学生们的手中，在开阔了学生的眼界的同时，也指引他们继续在知识的海洋里遨游。

在当时的皖江中学，当初在日本的那些同学们再度聚在了一起，其中包括陈独秀、章士钊等人。他们将在日本学到的新思想传播到了这江南的土地上，传播到了华夏子弟的心里。陈独秀他们知道，革命要想成功，最重要的就是这些孩子们，他们才是革命的未来，是希望。要想保证中国的未来，就要兴办学堂。在皖江中学，陈独秀也看到了未来的方向。

暑假的时候，苏曼殊想要去日本看望他的养母河合仙。陈独秀也刚好打算去日本组织革命党的工作，两个人就一同离开了芜湖，坐上了前往东洋的轮渡。一想到河合仙，苏曼殊心中最为细腻柔软的部分就被触动了。在他的一生中，河合仙是他唯一的牵挂。原来对于他来说，家乡从来都不在中国，也不在日本，只在河合仙的心里。河合仙走到哪里，哪里就是家了。

到了日本，他们先是来到了河合仙之前居住的那个小村落。这村落有山有水，其实是非常美好的地方。他们来到河合仙的住处，却发现房门紧闭，经过打听，才知道原来河合仙不知何时已经外出了。问及何时归来，邻居也说不知道。据说河合仙已经离开许多日子，不知道是不是搬走了。失望之下，苏曼殊只好随陈独秀来到了东京民报社住下。这一次归家寻母，却发现母亲已不知去向何方，苏曼殊感觉自己就仿佛是断了线的风筝一样。如果没有了家，那四处游行的浪子又该心归何处呢？

到了东京民报社，苏曼殊认识了章太炎。章太炎素有"国学大师"之称，苏曼殊早就对他颇为神往，并期望可以拜他为师，希望能够学习诗歌创作。苏曼殊的绘画水平一直很高，但是诗作的根底较浅，文学底蕴不够深，而他又偏偏希望能够在自己的画作旁题诗，所以才希望抓住这次机会，好好学习国学。章太炎见苏曼殊根底不深，就先找来些古诗词集，让苏曼殊先研读这些诗集。

暑假很快便结束，陈独秀与苏曼殊又踏上了回到芜湖的路程。这个时候，时局不断动荡，芜湖的根据地已经被发现，不再安全。陈独秀他们开始辗转他方，而苏曼殊则在南京、上海和杭州之间游荡。

苏曼殊的一生都仿似浮萍。他唯一的牵绊就是河合仙了，这次东渡日本寻母不成，他的情绪一度变得十分低落。那段日子里，他因为之前挥霍无度，身上已经没有多少钱了。无奈之下，他只有向朋友求助。朋友们都是很大方的人，愿意解囊相助，但是他也不好意思总向人借，到后来，他那些朋友几乎都被他借遍了。好在这个时候刘季平一直在接济他，让他不至于饿死街头。

其实他想赚钱的话，总是能赚到的，但是寻母的失败让他万念俱灰，所以也没有了劲头，每日里只是将自己关起来研习梵文，期望书籍的海洋能够让自己暂时忘记心中的苦闷。虽然有朋友的接济能够保证苏曼殊的生存，但其实苏曼殊自身已经对活着这一行为不抱太积极的想法了。活下去又如何呢？从前，他活下去，是为了有朝一日能回到养母的身边。可是如果他找不到养母了，活着还有什么意义呢？

如果说现在唯一能支撑他活下去的信念，大概只能是河合仙生死未明的消息了。只要活着，他就还有机会找到她，他不能放弃，如果他先放弃了，日后河合仙得知他的死讯会有多么伤心啊！他可以忍受一切，却不能忍受让自己的养母痛苦，一想到河合仙会为了他而哭泣，他就心痛不已。于是他下定决心，一定不要放弃，他一定要继续寻找她，直到找到为止。

合河仙，那个温柔的女子，从他的生命开始时，就生在了他的灵魂里，是他生生世世放不下的牵挂。

第 9 章

四山风雨总缠绵

1 再度寻母

母爱，是最伟大的，也是每个人最想追寻的人世间最美的感情。他相信，纵使度过万水千山他也会找到她。他相信彼此间有一种命运的牵引，他一定会找到她。

刘师培和何震夫妇打算东渡日本，苏曼殊听闻，立刻提出要与他们一同前往。他希望抓住这次机会再次寻找母亲。刘师培夫妇自然不会拒绝他的要求，他不断寻母的事情已经在这些朋友圈里传开了，大家都对他与养母的感情十分感动，所以能帮忙的都愿意主动帮忙。

第9章
四山风雨总缠绵

到了东京之后，苏曼殊再次住进东京民报社。在那里，他每日与章太炎和陈独秀在一起，因为章太炎和陈独秀都是在国学上很有建树的人，所以苏曼殊很喜欢与他们交往。那段时间里，他通过翻译梵文书籍而赚了一些钱，总算摆脱了经济窘困的局面。在日本，他积极向章太炎请教诗词方面的问题，章太炎也很喜欢跟这个聪明的年轻人交谈。因为章太炎的指导，他在诗歌方面的进步很快。大家也都为他高兴。有的时候，他甚至十几天都躲在屋子里写诗读诗。国学的优美让他沉浸在其中，也只有在文学中，才能让他如找到归宿一般欢喜。

后来，他把自己所作的诗歌拿给章太炎看，章太炎连连称赞。章太炎没想到之前见到他时，他的根基还浅，才过了不长的日子，他竟然就能进步这么快。难怪大家都说苏曼殊是语言方面的天才！章太炎甚至说，苏曼殊的天赋本身就是一首绝赞的诗篇！令人惊讶，令人赞叹！章太炎的肯定给了苏曼殊极大的鼓舞。苏曼殊更加积极作诗，希望有朝一日，他能将自己的诗词标注在画作的旁边。

在学诗的同时，苏曼殊始终没有放弃寻找河合仙。经过几番打听，苏曼殊终于找到了河合仙的住处！在陈独秀的陪同下，苏曼殊来到河合仙现在居住的地方。那时候，河合仙已经是一位六十多岁的白发老人了。看到母亲苍老的模样，苏曼殊不禁一阵心酸，他后悔自己不能一直陪伴在母亲的身边，不能随时照顾她。苏曼殊许久不用日语，对日文已经生疏了。

好在还有陈独秀这个经常来往于日中两地的日语通在，苏曼殊听不懂的地方，都由陈独秀替他翻译，而苏曼殊说的话，也由他翻译给河合仙。河合仙告诉苏曼殊，自己已经找到了新的丈夫，这是一个很好的日本老人。苏曼殊由衷为她感到高兴，没想到她孤苦一生，最终可以老有所依，这就是佛家所说的善有善报吧。现在她嫁的这个人家家境富裕，又没有任何烦心事，她可以安心在这里养老了。陈独秀也为这个坚强的女人感到高兴。

苏曼殊告诉了河合仙苏杰生去世的消息，他也告诉了她自己并没有去见父亲最后一面的事情。河合仙听了并没有责备他，她知道，不论这个孩子怎么做，都是有他的道理的。她安静地听着苏曼殊讲着这许多年来的境遇，她心中有些后悔，也许当初她就不该放苏曼殊回到广东去。只是她一个弱小的女子，又哪能拗得过苏家呢？到最后也不过是一声叹息罢了。好在现在他们都不错，好在苏曼殊顺利长大了，而且还长成了一个十分优秀的青年。

陈独秀告诉河合仙，苏曼殊在绘画和文学上的造诣都很深，国内的学者们都十分喜欢他。河合仙更是打心里高兴。这一次相遇，他们是经历了种种辗转之后的难得的相聚。河合仙翻开相册，找到了苏曼殊幼年时候的照片。那时候，他还那么小，还天真得不知道人间疾苦。其中有一张是他在三岁的时候，穿着和服坐在河合仙的腿上。苏曼殊对童年的记忆已经模糊了很多，他唯一记得的就是对河合仙的依恋，如今再看这些照片，已经是恍如隔世。

苏曼殊虽然想每天陪伴在河合仙的身边，但是他知道，母亲已经有了自己的生活，如果他过多打扰，也许只会给母亲添麻烦而已。因此，在日本的日子里，他多数时候都是与刘季平等朋友们在一起，对母亲不论有多大的依恋，他也只能是放在心里了。而朋友们都很好，他们心照不宣地都没有说什么。不管怎么说，河合仙有了好的归宿，苏曼殊也不必过多牵挂，他知道母亲过得很好的，就够了。

话虽如此，当午夜梦回的时候，苏曼殊心中仍是涌起一股悲痛。母亲已经再嫁，与他的联系也越来越疏远了。他的家已经变成了别人的家，他的牵挂也变成了别人的牵挂。他知道，为了母亲，这是最好的结局，他只有独自忍受这样的悲苦之情。那时候，他给刘季平写信说：九年面壁成空相，万里归来一病身。泪眼更谁愁似我？亲前犹自忆词人。他将心中的悲伤对刘季平述说了出来，尽管他也知道这只是杯水车薪罢了。

在那之后的日子里，苏曼殊每日与文字为伴。在他向章太炎学习国学的同时，章太炎也向他讨教了许多佛经方面的事情。苏曼殊就将自己在东南亚的经历向章太炎讲述出来。章太炎被他的描述深深迷住了，他希望有朝一日能与苏曼殊一起去印度，看看那些苏曼殊说过的寺庙，拜访那些得道高僧。苏曼殊也十分乐意与之同游，他对印度也始终向往，希望日后还能有重游东南亚的机会。不过因为章太炎太忙，所以这个计划一直都未能实施。

那段时间里，苏曼殊因为心情低落，再次停止了赚钱活动，他开始寄宿在刘师培夫妇的家中，吃住都用刘师培的。刘师培倒也不缺他一口粮，所以也乐于接济，而这样的关系，终于在章太炎与刘师培闹掰之后结束了。

这恐怕是苏曼殊第一次经历兄弟萧墙的事情。往日里和颜悦色的朋友，忽然就变得不相往来、横眉冷对了。刘师培甚至还因为苏曼殊与章太炎关系交好而将他赶出了家。无助又无辜的苏曼殊流落街头，不知如何是好。好在他还有刘季平，还有这个永远不会忘了他的好朋友。刘季平的及时接济让他摆脱了困窘，但他无论如何也想不通，本来都是好朋友，为什么忽然之间就翻脸了呢？

关于章太炎与刘师培的事情，外人总是无法说什么。人们知道的只是，后来刘师培叛变了革命，出卖了许多革命党人，辛亥革命之后他被逮捕入狱，是章太炎四方奔走最后让他获得保释。对刘师培的人品，我们不好说什么，但在这件事的上面，已经足以看出章太炎的高风亮节了。这件事也说明，但凡能够成为大师的人，往往不仅仅在他的领域内有极深造诣，这样的人一般在做人上，也是超脱凡人的。

失去了接济的苏曼殊重新拾起翻译的工作。他开始翻译《拜伦诗选》。说起翻译这本书也是有渊源的。那还是苏曼殊在上海学习英文的时候，雪鸿曾经拜托过他，希望他能够将拜伦诗歌的美妙传入中国。在当时那个英文还不够盛行的年代，图书行业是没有多少翻译本的。我们现在所读到的翻译过来的国外著作，有很多都是 19 世纪末 20 世纪初的那些先觉者的勤奋结晶。那时在中国，翻译英文诗歌的人可谓是少之又少。所以雪鸿才会向他发出这样的请求，她认为拜伦那样美妙的诗句不应该只流传于欧洲，应该让更多的人读到。当时苏曼殊十分郑重地答应了她。

如今，苏曼殊想起曾经对雪鸿的承诺，加上他生活的困窘，便开始了对《拜伦诗选》的翻译工作。翻译的过程是美妙的，因为二次创作的时候，他不仅仅要熟读诗歌，还要去探寻诗歌背后的意味。当一首诗翻译完了，也等于将这首诗用自己的方式品读了一番。苏曼殊的英文启迪者便是拜伦和雪莱，他们的诗让他十分神往。

　　拜伦与苏曼殊不同，他是一个彻头彻尾的斗士。当年希腊发生战争，拜伦为了支援革命，站在了革命队伍的第一线。他甚至自己花钱招兵买马，为了让革命胜利而奉献出所有的积蓄。后来，拜伦死去的时候，整个希腊都为之悲痛，希腊甚至为拜伦举行了国葬。他获得了整个国家的尊敬和爱戴，这是苏曼殊所无法企及的。

　　其实苏曼殊是向往那些可以完全将自己投身入革命中的人的，就好像刘季平，邹容他们，他们都是那样义无反顾，偏偏他就做不到。这也是难怪的，对于一个在日本度过了最幸福的时光，又在中国受到了最残酷的虐待的人来说，你能要求他对这片土地有多深的感情呢？又能让他有几多热血为这片土地抛头颅洒热血呢？他能一直说自己是中国人，能一直为中国人做事，能一直与中国的有识之士保持真挚的友谊关系，就已经做得很好了，谁也不能苛责他太多了。他与邹容、刘季平他们是不同的，他的身世决定了他注定要对革命若即若离。更何况他本就是一个可怜人啊！

所以他对拜伦也只能是向往，只能是钦佩罢了，至于他自己，他也只能在矛盾之中无限遗憾。当他将《拜伦诗选》翻译完后，又在日本出版了《文学因缘》，那之后，他就离开日本回到了中国。他本来是要回上海的，却在路过杭州的时候遇到了刘季平。与刘季平相聚的时候，他们说起了章太炎与刘师培的事情。苏曼殊无论如何也不明白，不明白他们之间到底发生了什么事。虽然自己被无辜牵连其中，但他更在意的是一段友情为何会破裂得这么痛快，这样决绝。他不知道，刘季平自然也不知道。他们唯一能做的，也只能是在饮茶的时候，为他们唏嘘而已了。

命运总是有诸多无奈，这也许同样是苏曼殊在佛前参问无数次的迷惑吧。也因为迷惑，所以，他始终有一半的生命未能跳出红尘。

2

身患顽疾

一年又一年，樱花开了又落，苏曼殊就如同一瓣樱花，在命运之风的吹拂下经历着人生的沉浮。这一生，他都与樱花缱绻着解不开的缘分。

在上海没有停留多久，苏曼殊渐感身体不适，去医院检查，才发现患上了脑病。通常脑病都是因为过久的忧愁引起的，对于苏曼殊这样的人来说，会患上这种病其实一点都不奇怪。为了养病，他再度来到东京。也许他的中日混血的血统就已经预兆了他的一生都要在中国和日本两地来回奔波吧。日本的樱花让他仿佛进入了幻境之中，他想，如果自己死在这里，也算不错了。

病稍好之后，他与友人在小石川居住下来，他们的居所是日本的一个寺庙，在那里，苏曼殊与同伴们继续每日每夜翻译拜伦诗歌。翻译诗歌的过程十分美妙，他们沉浸其中，苏曼殊暂时忘记了病痛。当时，苏曼殊的梵文造诣在文学圈内十分出名，所以不久后，他就找到了一份新的工作，就是在日本梵学会做一名译师。他的脑病已经越来越重，但是这并没有阻止他的工作热情，做学问方面的工作是他最喜欢的，也最容易投入其中的。他每天在梵学会翻译印度的婆罗门僧传。

除了翻译，章太炎还给苏曼殊分配了一个新的任务。那时候，有一个精通梵文的印度人来到日本东京，章太炎希望他能够做大家的讲师，教大家梵文。章太炎自从在与苏曼殊相识之后，就一直对印度心心向往，同时也对学习梵文产生了浓厚的兴趣。他找来十几个同样喜欢学习梵文的人，一同跟随这个印度人学习。然而，因为这个印度人不懂中文，无法与他们交流，章太炎就找来了苏曼殊为他们做翻译。

苏曼殊虽然对革命并不热情，但对朋友一直都是非常仗义的，尤其是对他敬佩的章太炎老师，他更是会尽一切努力帮助他。所以，尽管苏曼殊的脑疾已经越来越重，他还是每天保持两个半小时在课上帮助他们进行翻译。在那之前，医生就劝过他最好每天只工作一个小时，但是苏曼殊知道，在当时的日本，能胜任这个工作的只有他自己，所以他并没有听从医生的嘱咐，而是每天坚持两个半小时的翻译。也是在那期间，他的《拜伦诗集》终于全部翻译完成，他将诗集拿给了陈独秀，陈独秀帮他矫正过后，这本书终于顺利出版。

苏曼殊感觉到自己命不久矣，在生命走到尽头之前，他希望还能与河合仙享受母子的天伦之乐，于是再度找到了河合仙。那个夏天，苏曼殊与河合仙在一个海滨的度假村度过了一段非常美好的日子。河合仙虽然年岁已高，但她的身体还不错，这让苏曼殊十分欣慰。苏曼殊不敢告诉她自己已经患上不治之症的事实，他不想让老人伤心。在度过了那个夏天之后，不久，苏曼殊便离开日本回到上海。

回到上海之后，苏曼殊与蔡哲夫会晤，蔡哲夫引荐他认识了当时的英国领事佛莱蔗。佛莱蔗是一个十分有才华的人，他对苏曼殊早就神往，如今亲眼见了，发现这果然是一个相貌不凡的年轻才俊。他们相遇的地方是佛莱蔗的家，他的家装修得十分有文化气息，苏曼殊很喜欢这样的环境，他对这种泛着书香的地方总是有着别样情感。佛莱蔗先是为他们沏了茶，在饮茶的过程中，彼此交流在文学与绘画方面的见解。

佛莱蔗发现苏曼殊看起来似乎十分憔悴,十分关切地询问:"听闻曼殊先生是一个风华正茂的年轻僧人,可是现在看来为何如此苍老?按道理曼殊先生每日里沉浸在学术之中,不至于苍老至此啊!"苏曼殊听了,轻轻笑道:"不瞒先生,其实曼殊已经身患顽疾,不知道还剩多少时间可活了。"这样的回答令佛莱蔗十分惊讶,他没想到苏曼殊才这么年轻就会患上顽疾,更令他惋惜不已。唏嘘间,佛莱蔗不再继续这个话题。

谈论间,他们说起了苏曼殊正打算出版的画册。苏曼殊的画作记录了他每一个时期的心情,所以他希望能在活着的时候,将所有的画集成书册,也算是给自己的人生一个交代。佛莱蔗看了他的画册,惊讶于他画作的不凡,并提出想为这画册拟个题,苏曼殊自然愿意。这次的见面太过匆匆,佛莱蔗虽然百般不舍,但当下时局动荡,他没办法与苏曼殊整日交往,无奈之下,他只有目送这个大才子离开,不舍地看着他前往杭州。

这一次来到杭州,他自然是再度投身在刘季平的家里。刘季平是苏曼殊最好的朋友,只有在刘季平的身边,他才能将自己的情感全部显露。说来也悲哀,苏曼殊对朋友一直都是真心以待,但是能让他敞开心扉将自己最痛楚的一面展现出来的人却不多。也许是因为他就是这样内向的人吧。内向的人总是比外向的人活得辛苦。

　　说起在杭州期间，还有一件事情直接说明了苏曼殊和刘季平性格的差异。就在那时候，刘师培忽然变节，出卖了许多革命党人。因为在此之前苏曼殊曾经与刘师培有过交往，所以有革命党人怀疑苏曼殊也是与刘师培同流合污的人，并给苏曼殊去信，警告他最好老实一些。苏曼殊接到了信，当即离开杭州奔赴上海，以证明自己的清白。他没有实际投身过革命运动，发生了事情时，反而有人怀疑到他头上，这怎能不让他胆寒呢？

　　倒是刘季平对此十分看得开，他作诗安慰苏曼殊，并告诉他，这件事情本来就与苏曼殊毫无关系，他根本无需理会的。刘季平是个活得坦坦荡荡的人，但是苏曼殊不同，他从小到大经常被冤枉，被迁怒。如果他自己不去辩白，他就很有可能遭到迫害。他活得很累，很辛苦。他很羡慕刘季平能够那样轻松地活着，他是做不到了，只有等下辈子吧。

　　不久后，《拜伦诗选》正式发行了，这让苏曼殊的一颗心总算落了地。书出版之后，他又能赚到一点钱，有了钱，他的心就又不安分，又想出去旅行了。这一次，他来到了新加坡。新加坡虽然是个小国，却五脏俱全，而且人民生活富足。苏曼殊在那里待了些日子，感觉自己的身体也变得好了很多。他听说自己当初的恩师庄湘和女儿也在新加坡，便只身前去拜访。

如今，庄湘的年事已高，面上却红光依旧。苏曼殊真心为他高兴，他自己虽然身体残破不堪，但看到昔日那些疼爱自己的人们都生活得很好，心中也觉得十分安慰。庄湘能再度看到苏曼殊，也是很开心，而且这次他的女儿雪鸿也在。当初的亭亭玉立的小女孩，如今已经长成一个气质出众的少妇了。雪鸿还是那样美丽，或者说，随着时间的推移，岁月在她的身上又刻下了另外一种美丽。如果说过去她是青涩之美，那么现在就是成熟之美。

"雪鸿变得越来越美丽了。"两个人在散步的时候，苏曼殊对庄湘说。他又笑着说："而先生还是如从前一般，完全不显得老。"庄湘哈哈大笑，他说："但是你看起来的变化却非常大！"庄湘十分理解地看着苏曼殊，感叹道："看来这些年里你过得并不快活。"苏曼殊却说："哪里？我十分快活，我简直快活极了。你看，我的朋友们都在展开革命活动，他们一个个都是那么勇敢，而且他们的活动已经初见成效了。我由衷为他们感到高兴！还有，我还出版了当初答应雪鸿的《拜伦诗集》，另外我还翻译了许多梵文书籍，在这些过程里，我始终快活极了！"

苏曼殊一串的辩解只是让他看起来更加可怜而已。庄湘不知道该怎样安慰他，他知道，没有人能够走进苏曼殊的心，就算走进去了，他也没有力量把里面的那些阴霾全部拽出来。那些阴霾太沉重，根深蒂固了。苏曼殊的人生，说是悲剧也可以，说是正剧也可以，如果说成是励志剧也不算错。然而苏曼殊的性情，他的心，却是永远留在悲情的层面上的。不论他的一生做出多少了不起的成就，都无法改变他心中的那一份沉痛的悲。造成这份悲伤的有很多原因，童年的经历是最主要的原因。而谁又能回到过去，去改变一个人的童年呢？就算可以回到过去，又有谁能够有那样强大的力量，能够许给苏曼殊一个幸福圆满的人生呢？

这个可怜的孩子，他注定了一生的悲剧。他拥有过爱情，却不敢为爱情做下许诺，他拥有过亲情，却与亲人聚少离多。在他的生命里，幸福总是转瞬即逝，只有痛苦，只有悲伤才是他人生的主旋律。到最后，庄湘也不过是叹气，他唯一能做的也就只有叹气而已了。

到了苏曼殊要离开新加坡的那一天，庄湘将自己珍藏的许多书籍赠送给苏曼殊，这是他唯一能够为他做的。他虽然知道苏曼殊只能采用逃避的方式来减缓心中的悲苦，但是既然能够逃避，那他就帮助他逃避吧。苏曼殊逃避的方式就是读书，就是无限地阅读，只要他把自己沉浸在书本中，他就什么都可以忘记。所以庄湘将许多他认为苏曼殊会喜欢的诗集都赠送给了他，希望能在某个冰冷的午夜里，如果苏曼殊忽然从悲伤中醒来，可以随时用这些书本来抚平心上的伤痛。

离开新加坡之后，苏曼殊又来到爪哇国。他在那里被聘请为中华会馆的英文教师。他在那里教授几十个学生学习英文。在这里，他又将自己投入到了忘情的工作中，病痛对他的折磨虽然仍在继续，但他还是每日坚持上课，风雨无阻。

命运各色苦痛他已经一一尝尽了，痛苦也就成了寻常味。

3 国家动荡

　　再美好的国度，对于苏曼殊来说也是异乡，他的魂，在每一个日日夜夜里都缠绕在祖国。当有一日祖国轻轻召唤，他定会毅然归去。

　　苏曼殊始终无法逃避实实在在存在于脑中的疾病。他的身体越来越糟糕，按道理他是应该在当地养病的。然而在 1911 年，苏曼殊 28 岁的时候，他再度忍着病痛回到了中国，来到上海与朋友们团聚。到了 8 月份的时候，他才离开上海回到海外。而就在那个时候，中国发生了一件翻天覆地的大事。

220

第 9 章
四山风雨总缠绵

那是在黄冈起义失败之后的第五个月，也就是 1911 年的 10 月 10 日，这是一个不平凡的日子，在许多年后，这个日子被载入历史的教科书上，随同这个日子被记载的，还有几十个名字，以及一个新的时代。

那天夜里，武昌城中响了一夜的炮火。对于这场战争，在当时的中华大地上，是无人不知、无人不晓的。到了第二天的清晨，在武昌的城头上就挂起了一面胜利的旗帜。这面旗帜是属于革命党的，是属于千百位为了新时代而前赴后继的革命党人的。旗帜上沾满了革命者的鲜血，那是在废墟上面开放的花朵，是在经过了种种考验，而辛辛苦苦被诞生下来的希望！那个旗帜的出现，预示着一个时代的结束，与一个新的世界的到来！

其实每个人都知道，这一天是迟早都会来的。清政府早就是一个岌岌可危的大厦，只需要一个推动的力量，就会顷刻倒塌！曾经被几代人维持构建起来的大清王朝，完全是被他们自己葬送了江山。这个王朝早就已经坏掉了，已经腐朽不堪了。如果仔细看去，就会发现，这个王朝虽然表面上看起来仍然繁华，但其实内里已经彻底烂透了。

在武昌起义成功之后，大清就如同倾倒的多米诺骨牌一样，瞬间崩塌。到了第二天，全国各地的革命组织都纷纷起义。

1912 年，中华民国成立了。

当苏曼殊得知这一消息的时候，他还在爪哇教书。他由衷为这些革命党人感到高兴。他知道，那些领导者中，许多都是他的同学、朋友！当新政权建立之后，首先要做的必然是休养生息。经过战乱后的中国正是百废待兴，正需要各方面的人才。苏曼殊知道，为国效力的时刻到了。在这样的时候，他怎能留在异国他乡，怎能不回到国家奉献出自己的一份力量呢？

苏曼殊正心潮澎湃地打算回国的时候，却发现自己面临着一个大难题：他没有钱。他本来是有钱的，在这教书虽然赚得不多，好歹路费总是有的。可问题是，在这之前，他创作了小说《断鸿零雁记》。为了顺利出版这本小说，他几乎花光了所有的积蓄。现在想回国，他根本凑不到路费。他先是典当了书籍和燕尾服，发现钱还是不够，于是他写信给国内的朋友，希望能得到朋友们的资助，但是信投出去后却始终没有得到回音。苏曼殊不知道他们在忙什么，如果收到了信，他们一定会回应他的，没有得到回音只有一个可能，那就是他们实在太忙，无暇顾及。

于是苏曼殊决定暂时留在爪哇，先观望一段时间。中华民国虽然建立了起来，但是毕竟到处还有许多不同的声音，未来会怎么样，这世界会变成什么样子，他实在是不敢妄下断言。当然，他内心里还是希望这些人真的能把这个国家建设成当初他们期望的模样。因为这毕竟是他们奋斗多年的理想啊！

事实果然如苏曼殊所料，这些人虽然成功进行了革命，但他们的许多想法还不成熟，所以这场革命虽然胜利了，斗争却并没有停止。

袁世凯就任临时大总统后不久，就露出了本性。他不满足于一个临时大总统的位置，他要做的是一个集权国家的皇帝！

不论江山如何变幻，这些与苏曼殊的关系其实并不大。苏曼殊之所以关心这场革命，更多的是因为他关心在这场革命中勇往直前的朋友们。因为思念朋友们，苏曼殊在 2 月份就回到了祖国。他先是去了香港，与自己在苏家的一位从兄苏维翰见面。苏维翰感念弟弟生活困苦，赠送给了弟弟 500 元，并与弟弟留影纪念，之后苏曼殊才带着从兄的赠银离开。

到了 3 月时，苏曼殊来到上海，因为国家新建，所以正需要苏曼殊这样的有学识的人才。《太平洋报》聘请苏曼殊为报纸主笔，苏曼殊欣然应下。那之后，他在报纸上发表了许多杂文，包括《南洋话》、《冯春航谈》等，另外，他将自己创作的小说《断鸿零雁记》也放在了报纸上连载。可惜小说还未连载完的时候，报纸就停刊了。

那时候，他还画了一幅《荒城饮马图》，他托人将画带到香港，希望友人可以代他将此画在赵声的墓前焚烧。赵声乃是苏曼殊当初在南京时认识的朋友，那时候，赵声十分喜欢他作的画，苏曼殊也答应为他作一幅画。后来苏曼殊离开了南京，去了日本，再度回国的时候，就得知了赵声黄花岗之役失败后吐血而死。苏曼殊心中十分难过，他唯一能做的，就是将他的画焚烧在赵声坟前，希望赵声九泉有知，能够得到这幅画作。

为了排解心中的难过，苏曼殊再次来到日本去找河合仙。河合仙的身体十分硬朗，至少比苏曼殊是硬朗多了。这个女子一生多舛，但在最后却得了善终。河合仙活着看到了苏家的败落，看到了苏曼殊的成长，想起天上的妹妹若子，她觉得自己总算是对得起若子了。当然，她并不知道此时的苏曼殊已经身患绝症，活不了多久了。

苏曼殊来到日本，他带着河合仙来到横滨，又来到当初那个小村庄，仿佛把过去的岁月重新走了一遍那样。河合仙开心地跟他来到横滨附近的动物园，对苏曼殊说："当初呀，我就在这里，拉着你小小的手，看这些狮子呀，老虎呀，豹子呀，你才只有四岁，看到这些新奇的动物，别说有多高兴了，你就那么紧紧拉着我的手，到处跑呀，跳呀……"河合仙说着，仿佛眼前再度浮现了那个天真开朗的小男孩子，那个孩子亲切地喊着："妈妈，快来看这个。妈妈，快来看那个。"

河合仙感觉视线模糊了，她用手一擦，原来眼里已经满是泪水了，她哽咽着，这是高兴的哭泣。"一转眼，你都长这么大了。我再也抱不动你啦！"苏曼殊心中涌起一阵悲伤，他拉住河合仙的手，"妈妈，你不用再抱我啦，我现在已经不会走一走就累了，但我还是希望你能带我多看看这个世界呢！"河合仙却笑着摇摇头说："老了，老了，走不动了。"

他们来到一个石头旁，那块石头表面平整，很多人都会坐在上面歇息。河合仙对苏曼殊说："当初，那么小的你，就躺在我的怀里，沉沉地睡着了，我害怕你染上风寒，就脱下衣服为你挡风。你睡着的样子呀，别说有多可爱了！我真希望永远都能看到你那么可爱的样子啊！可惜不行的，我不能那么自私，你必须要长大的，你看，现在长大了，多好！只是没想到你会做了和尚，不过当和尚也好，省了许多烦恼啦！"

人老了就难免变得唠叨，一路上，都是苏曼殊在听，河合仙在说。而他就那么默默地陪伴在她的身边，享受着这样的母子亲情。是的，往日的一切都回不去了，苏曼殊已经不能回到从前，不能回到那无忧无虑的小时候。他的生命已经是这个样子了，现在他的唯一愿望，就是希望自己爱的人们都能够获得幸福。河合仙已经得到了，庄湘也过得不错，那些他亲爱的朋友们也都正是意气风发，大家都很好，这就够了。

苏曼殊，他只要将自己的悲伤永远隐藏在心中，待他离世后，随着他的灵魂带走也就好了。一个云游的僧人，在他生命的终点，也不过是死亡罢了。他的灵魂，会在另一个世界没有痛苦地行走。

第 *10* 章

空山流水无人迹

东京之耻

　　辗转，辗转，他始终都走在途中。茫茫人生，他已经没有可渴望的去处，只是随着命运的风，一处处流连。

　　苏曼殊在日本逗留了一个多月，之后他再度回到上海。在上海，他读了一本翻译本的《茶花女轶事》，认为这书翻译得太糟糕，跟原文出入很大。他打算将这书重新翻译一下，将这书的原本模样呈献给国内的读者。但是这项工作还未开始实施，就因为其他事情而未能实现。

　　他在上海停留了一段时间后，从兄苏维春从青岛赶来与他会面。当年他们都是一起上学的同学，在苏家的时候，他与这

第 10 章
空山流水无人迹

些兄弟的感情还不错。不管他对苏家的情感如何，不管他对自己的父亲作何感想，至少这些兄弟们都是无辜的。所以有从兄来拜访，他也十分乐意会见。在与从兄的攀谈中，苏曼殊得知苏家对自己始终很有微词，不过他早就不在意这些了，因为他毕竟已经是一个出家人了。

不久后，苏曼殊又与刘季平和陆灵素夫妇见了面。说起刘季平与陆灵素之间的情缘，还有苏曼殊的一份功劳。当初刘季平在日本避难的时候，苏曼殊正好与陆灵素在一起工作。他觉得这个女子是一个十分优秀的人，又觉得她与刘季平十分相配，所以就有意无意地撮合这段姻缘。他时常对陆灵素讲述自己的好友刘季平的各种事情，让她对刘季平在未见面的时候就产生了好感，同时又在给刘季平的信中讲述了陆灵素的各种好处。后来就变成了刘季平与陆灵素直接通信。后来刘季平回国后，第一件事就是与陆灵素相约，她与他心目中勾勒的形象简直是一模一样，而陆灵素对刘季平也是一见倾心，两个人就这样结成了一对恩爱夫妇。而看到朋友幸福地娶妻成家，苏曼殊也打心里为刘季平高兴。

苏曼殊感念与刘季平夫妇之间的深刻友谊，当下为他们绘制了《黄叶楼图》送给他们。在当时，苏曼殊的画作已经是十分名贵的东西了，能够得到他的一张画那可谓是莫大的荣幸。只不过苏曼殊的画多数都是送出去的，他很少卖画，他通常卖的只是翻译的作品。或许在他的心里，始终为他的绘画作品留有了一片清白的田地，他不希望自己的画作被铜臭玷污了吧。

在告别了刘季平夫妇之后，苏曼殊的身体状况越来越差。越是觉得将死的时候，苏曼殊就越是想要看望养母河合仙。所以他在回到中国后不久，就又去了趟日本，与河合仙团聚。几个月后，他才离开日本，回到上海。

他在上海停留了几个月后，又来到安庆，在安徽的高等学校任教。到了第二年，他辗转于上海和苏州等多个城市间，这一年里他时常与朋友们四处游玩。此时他的心已经宁静了许多，并且受朋友之邀编撰了《汉英词典》和《英汉词典》。现在，我们学习英语时，总是必须手捧这两本词典，殊不知，编撰出这样的词典，需要怎样的毅力和为学子们服务的决心。

一直到 12 月份，他的脑病还未发作，就患上了肠疾。那时候国内的医学还不够发达，医生嘱咐他最好能去日本养病。就这样，苏曼殊再次踏上了前往日本的旅途。

纵观苏曼殊的一生，他似乎多数时间都是在路上的。他很少在哪个地方做过多的停留，有时候在一个地方停留久了，他就总想换到另一个地方去。他走的次数最多的航程大概就要数中日两国之间的轮渡了。

苏曼殊从小就体弱多病，所以稍不注意就会患上疾病。这一次，他先是在东京养了些时日，后来去了西京游玩，无奈因为他的不加注意，病时常复发，后来他在旅途中又不慎患上疟疾，无奈只有去千叶就医。后来，他的病稍好一些，就又四处游玩。说起来，他的身体这样糟糕，大概也与他自己从来不注意保养有关系吧。

在日本期间，苏曼殊并没有停止他的创作，这个时期的他热衷于写小说。他在日本时发表了小说《天涯红泪记》，这部小说出版在东京的《国民杂志》上面。他虽然身在日本，但心仍然系着中国的朋友们。由于国内国际形势的紧张，日本人与中国人之间的关系也变得微妙起来。那时候，苏曼殊真真切切感受到了日本人对中国人的敌意。其中有一件事，让他感到了作为一个在日中国人的不该受的耻辱。

那是在东京，苏曼殊的病刚刚养好了些，他正在公园里散步。其时风景宜人，他坐在公园里的长椅上，望着远空。他很喜欢看向碧空，看着天上的浮云。他总希望自己能如那云一般自在。而今，他过着四处漂泊的日子，想来云也是如此的。从前他是羡慕云的自由，如今他看着天却在想，这云四处飘着，不知从何处来，也不知往何处去，它们一定很迷茫，这样漫无目的地存在，虽然为蓝天增添了一点柔情，但对它们自己而言，恐怕也是充满悲苦的吧。

其实人也不过是这样，悲苦都是自己的，关键的是你能为他人带来什么，那才是你在这人世上存在的价值。苏曼殊想，他这一生，作过许多画，多数都送给了朋友。他也教过很多学生，多多少少也在他们的求学生涯中帮助了他们，后来，他又翻译了国外的著作，还参与了辞典的编撰。不管他是一个多么悲情的人，但他的生命总算没有被辜负，总算是过了一个有意义的人生。他想，这就够了。对于一个命不久矣的人来说，已经足够了。

他心中是那样淡然超脱，可惜世俗却会用十分卑劣的眼光去看他。比如坐在他身边的这个日本人，也不知道这日本人是怎么了，在身上摸摸索索的，最后摸出了一只虱子。他忽然之间就暴躁起来，跳起来怒骂苏曼殊。在苏曼殊听清他说的是什么话时，他是被震惊到了。

他竟然说这虱子是从苏曼殊的身上爬到自己身上的！苏曼殊觉得又可气又可笑，他问："你说这虱子是从我身上爬过去的，你如何证明呢?"那日本怒道："这只虱子是黑色的! 只有你们支那人的身上才会有这么肮脏的虱子!"苏曼殊心中的怒火噌地一下被点燃! 原来在日本人的眼中，中国人就是这个样子的! 从前，关于国外人对中国人的歧视，他也只是听人说过，只不过他平时遇到的日本人都十分友好，所以并没有在意。这一次，他是真真切切感同身受了!

这是怎样的侮辱啊! 这是整个民族的耻辱! 看啊! 这就是那腐朽的清政府干的好事，看看他们已经将华人在外面的形象败坏成了什么样子? 印象一旦形成，要想重获尊重那就不是一朝一夕的事情了! 苏曼殊冷笑着看着那日本人，他知道，与这样的疯子讲话只会是无穷尽的争吵，最后不过是让自己变得失去理智而已。他从来都不会和这样的疯子争吵。所以他立刻离开了那里，离开了那个公园。身后，那日本疯子仍然不停地指着他的脊梁辱骂着，而他则愤然快步离开，直到听不见那犬吠一样的声音。

这是第一次，苏曼殊为自己身上的日本血统感到难受，同时，他也为自己身上的那一半中国血统感到自豪! 他决定，从今往后，他再也不跟日本扯上半点关系! 他是华夏的子弟，是中华民族的后人! 他想起了当初留学的时候，那一张张欢笑的面孔。他们是那样可爱，那样朝气蓬勃，现在，他们正在华夏大地上建设着一个崭新的世界。他为他们感到骄傲，为自己有这样的同胞感到骄傲！

也就是在那时，他作下决定，就是从今往后，再也不说一句日语了！既然日本人认为中国人是肮脏的，那他也可以同样认为日本人是卑劣的。他不想再说这个卑劣民族的语言，实在有需要的时候，他宁可请翻译。其后在日本期间，他就算是旧病复发了，也坚决不再去日本的医院。

有一颗鲜活的心，在病魔缠绕的躯壳里跳动。就算此刻身死，他的热血也始终为他热爱的祖国而喷涌。

2 **命若游丝**

祖国让人怀念，它是另一位母亲，是家。

因为发生了这样让人不愉快的事情，苏曼殊决定离开日本，回到自己的祖国。他回国的时候，正赶上袁世凯筹备称帝的时期。当时袁世凯已经露出了自己的本性，这个做着皇帝梦的悲哀的人，甚至已经命人赶制出了黄袍，打算在登基大典那天穿在身上。而所有人都知道，这不过是历史的倒退，是封建社会的回光返照。

为了阻止袁世凯称帝，居正在山东成立了护国军，打算对袁世凯进行讨伐。苏曼殊知道这件事后，直接赶到了青岛与居正见面。只可惜他的身体状况太过糟糕，无法为讨伐行动做些什么。在盘桓数日之后，他回到了上海，来到孙中山的住处。那期间里，他仍旧没有停止自己的创作，他在陈独秀的《新青年》上发表了小说《碎簪记》，后来，又撰写了《人鬼记》，大概是因为他的身体状况实在太糟糕，这篇《人鬼记》并没有写完。

之后苏曼殊搬去了西湖，后来又再度回到上海，在最后一次去日本与养母见面之后，不久他就因为病危而住进了霞飞路的医院。他是入秋的时候住院的，到了冬天时，因为病情的加重，他又被转入海宁医院。当时他的情况已经十分不好，每天要泻上五六次，大夫也无力回天，只能让他在生命最后的日子里过得舒服些。

这个时候的苏曼殊，有时候清醒，有时候糊涂。时常有朋友来看他，清醒时，他还能与这些朋友正常交谈，他仍旧十分关心现在中国的局势，关心朋友们的工作进展。大家告诉他，一切都好，他只要安心养病就好。而他只是轻轻笑笑。他也知道，所谓的安心养病，不过是一心等死而已。待朋友离去后，他就独自躺在病床上看窗外的天。他发现自己从小到大总是在看天，究竟是为什么，他自己也说不出，莫非是在碧空之上，有他的生母的灵魂在时刻注视着他么？

恍惚间，他感到自己仿佛变成了一个小婴儿，这个小婴儿只能躺在床上，除了笑和哭，和不断摇动他的手臂，他无法再做其他的动作。他大声哭叫，希望可以引起人的注意，这时，一张慈爱的脸出现在他的面前，一个温柔的女人轻轻将他抱起。这个女人是谁呢？这张脸有些陌生，又有些熟悉，她长得与河合仙很像，但又并不是河合仙。他听见这个女人称呼自己为妈妈，又听见她叫自己为孩子。难道这个人就是自己的亲生母亲么？他伸手去够，却发现自己的手臂太短，根本够不到她的脸。

女人见他不哭了，就把他重新放到床上，自己去忙别的。苏曼殊想呼叫，却又说不出话来。过了一会儿，他发现自己忽然可以下地走路了，他开心地向前走着，而身后，他听见一个女人在对他说着加油。他回过身，看到了一个与河合仙一模一样，却比河合仙要年轻很多的女人。这个女人笑着过来抱起他，他不解地看着这个女人。

忽然，周围的一切又变了，他发现自己正站在一艘轮船上，对面，是河合仙哭泣的脸，身旁是一个冷冰冰的女人。这个女人是谁呢？好像是苏家的人，是苏杰生的大老婆吧。苏曼殊茫然地立在那里，心想，自己这究竟是在哪儿呢？是在哪儿呢？这些都是他童年的经历吗？那么他是来到了自己的记忆深处吗？还是说他的灵魂已经穿越了时空，回到了几十年前呢？

恍惚着，苏曼殊睁开眼睛，他看到了自己的洁白的病床，以及窗外仍旧碧蓝的天空。原来这不过是一场梦么？不知道死后的人会不会做梦呢？如果一个人死后会永远生活在梦中，那也未尝不是一件好事，至少，他可以想做什么就做什么了。如果重来一场，他真希望自己可以成为一朵云，或者是一棵树，或者只是一个木鱼也好。不论如何，他都不想再做人了。做人实在太累，太累，他做不起的。

苏曼殊病危的消息在他的朋友圈中彻底传开了，一时间，来看望他的人络绎不绝。苏曼殊第一次感到原来自己的人缘还是不错的。来看望他的，除了当初在日本留学时的青年会的朋友，还有后来在他最苦闷的时候结识的那些青楼女子。当然，一些寺庙的僧人也都赶来看他。他们都希望这个年轻的生命能在世上多停留一段日子。这个人的一生太苦了，为什么病魔还要来折磨他呢？

其实是死是活，苏曼殊已经不在意了。活着对他来说究竟有什么好处呢？在他最应该享受父母呵护的时候，他得到的是庶母的虐待；在他最应该好好恋爱的时候，他得到的是女友的死讯；在他拥有了一群好朋友的时候，他发现他的朋友们都在热衷革命无暇理会他。到后来，当他的身边终于充满了一群爱

第 10 章
空山流水无人迹

他、关心他的人的时候，他却发现自己已经不能敞开心扉去开
怀大笑了。如果经历的并不是这样的命运，不知道他还会不会
是现在这样的性格呢？

太多的如果了，可惜人生没有如果。更何况，这么一个小
小的生命，对于历史长河，对于整个世界来说，又算是什么呢？
人们总是在悲伤的时候希望获得神明拯救，这不过是美好的愿
望而已，最终可以拯救一个人的，不过是他自己。苏曼殊对自
己一向不怎么好，所以也就谈不上所谓的自我拯救了。

在广慈医院，苏曼殊度过了一个难熬的冬天。冬天正是飘
雪的季节，往常的这个时候，他早就邀来三两个友人，一起去
北方或者去日本看雪了。现在，他只能是待在病床上，一举一
动都需要护士的照顾，这真是够让人难受的。冬天过去，春天
到来，苏曼殊眼看着窗外的柳枝变绿，他本以为自己会死在那
个寒冷的季节里，没想到他竟然熬了过去，竟然还熬到了这个
春意盎然的日子。这就更让他难受了，这种日子，他是最喜欢
出去踏青的啊！

苏曼殊忽然发现，原来自己是一个很热爱生活的人啊！没
想到他对这尘世有这么多的依恋，这么多的不舍呢！他又想起
自己过去的东南亚之行，想起庄湘老师为他描绘的西欧画卷。

是了，他还没去过欧洲，还没去看过那些他未曾见过的风景啊！拜伦故乡、雪莱的故乡，他真想亲自过去看一眼啊！原来他还有这么多的事情没有做，还有这么多的愿望可以实现。生命为什么要这么短暂呢？他真希望自己能尽快好起来，就算不会痊愈，至少，也能让他支撑起自己的身体，让他能够再多看看这个色彩斑斓的世界，多看看这个他曾经一度想要逃离的红尘！

可惜他的愿望无法实现了。他只有继续躺在病床上，接受着来自护士们的照顾。他走到病房门口尚且困难，又何来四处旅行呢？太痛苦，太痛苦了。他甚至不愿意再有朋友来看望他，因为朋友们的健康，他们的活力，只会让他更加为自己的现状感到悲哀。悲伤啊，实在是太悲伤了！莫非是佛祖埋怨他皈依的心不够虔诚，所以惩罚他的么？命运总是跟他过不去，他真不知道自己上辈子是怎么得罪了这个坏东西。

在经过一次又一次的努力之后，苏曼殊终于意识到，自己的挣扎不过是徒劳。他已经不能离开这间病房，离开这家医院了。死亡只是迟早的事情。原来只有在临死前的时候，人才会明白，什么是不甘，原来只有在一切都结束的时候，才会了解，什么叫后悔。罢了！罢了！

索性，此生无憾，足矣！

3

告别尘世

苏曼殊熬过了冷酷的寒冬，又看到了春花微笑。生命的每一份真，之于一个行将就木的人都是无比珍贵。

在朋友看望苏曼殊的时候，他还笑着说："说不定我能熬到中秋节呢，到那时候你们一定要给我送两块月饼啊。"朋友本想说他现在的境况是不能吃月饼的，但想想他的生命可能根本维系不到那个时候，就将话咽了回去，只是笑着说，一定，一定。朋友并没有料错，苏曼殊的确没能熬到中秋。就在 1918 年的 5 月 2 日，苏曼殊在广慈医院咽下了他最后的一口气。据当时照顾他的护士说，他在临死前说的最后一句话是："一切有情，都无挂碍!"

后来朋友们回想起这句话，又联想苏曼殊的一生，他们发现，他的生命里的确是一切有情的。尽管这个人一直抱着出家的愿望，而且还真的出家了，但是他心中的情感从未减少过，他努力地爱着每一个朋友，努力爱着每一个身边的人，甚至是那些不认识的人。

苏曼殊逝世这件事很快就出现在了当时的各个报纸上，又通过报纸传入了许多人的家中。其实他在活着的时候，是郁郁而不得志的。那时候他创作了许多诗作，可惜那些诗作过于伤春悲秋，不符合那个时代，所以一直不被主流看好。当时他曾经写信给朋友，讲诉心中的憋闷。后来朋友们在整理他的遗物时，只发现了一些用过的胭脂香囊。至于他的诗稿，据说都存放在了远在日本的母亲河合仙的手中。后来，这些手稿全部在关东大地震中震毁，彻底失去了被人阅读的机会。

尽管他的文学成就得不到承认，但他的逝世在当时仍然引起不小的影响。因为他是很多人最亲最真的朋友啊！可怜的苏曼殊，他半生飘零，甚至在死后，也没有钱入葬。他的生前好友刘季平为了能够让他安心下葬，带着妻子陆灵素到处奔波，替他筹集经费。他们找到了孙中山，孙中山立刻悄悄地把钱给了一位友人。这位友人去医院将苏曼殊欠下的医药费补足，同时主持了他的下葬仪式。

就这样，苏曼殊的生命总算是圆满地画上了一个句号。说起他的一生，有人感到他毫无作为，有人认为他有情有义，而不论别人怎么看，他都听不到，也感受不到了。他不必再忍受来自各个方面的争议，不必再为了朋友的事情奔波，也不必为了人世间的悲剧而苦恼了。结束了，一切都结束了，万事到头都是空啊。

人生一场虚空大梦，到头来，留下了什么，又带走了什么？死亡也许只是另一种意义上的重生罢了，活着有时候也不过是承受更多的苦，自然如此，人啊，又何必苦，何必喜呢？

后来，当刘季平经过西湖旁的白云禅院时，经常会想起那个可爱的僧人，就在那里打过坐。当时他总是故意去捣乱，去打扰苏曼殊。反正他知道，苏曼殊六根压根就没静，还打个什么坐，坐个什么禅啊？就算苏曼殊喜欢用僧人的身份为自己加上一个保护的壳，刘季平还是更喜欢钻到那个壳里面去，去看看里面那个可怜的孩子究竟是在哭，还是在偷着笑。

如今，再看去，白云禅院还在，人却再也回不来了。"真是寂寞啊……"刘季平轻声感慨。像他这样的人，其实是不容易被寂寞吞噬的，但是苏曼殊离开之后，他真真切切感受到了一种被抛弃的感觉。他望着当初苏曼殊经常打坐的地方，自言自语地说："你怎么就这么走了呢，你还欠了我那么多的钱，你是不打算还了，是吗？你还欠了我那么多张画，看来你也是不打算还了啊，你可真是够混账的。"刘季平静立了一会儿，他又说："其实我也够混账的，如果我早点发现你的问题，也许还能多劝劝你，让你不至于那么不顾身体。"

回想苏曼殊去世前的那几年，刘季平发现其实这个社会对他是很不公平的。苏曼殊是这样一个人，他虽然有才华，但是他的才华对这个时代没有什么用，他其实很会写文章，但他的文章并不符合当下主流。所以不论他的朋友们多么喜欢他，对他的作品却总是无法认同。那时候，正是新文化新思想的热潮盛行，他的文章不但有些守旧，还带着点文学性的小黑暗，在那个崇尚光明的时代，他的那些作品根本就得不到认可。这也是造成他后来越来越抑郁，病情越来越重的原因。

在苏曼殊逝世后，南社的朋友们再度为他筹集经费。他们认为对苏曼殊遗骨的处理太过草率，希望给他安葬在一个好些的地方。他们发起了一个会议，主要讨论对苏曼殊遗骨安葬的问题。那场会议上去了很多人，包括苏曼殊的生前好友陈独秀，包括他敬爱的国学老师章太炎，孙中山虽然没去，但是托人送去了 50 金。虽然会上筹到的钱并不多，但是南社的朋友们并没有放弃。他们花了整整六年的时间，终于筹集够了经费。他们把苏曼殊的遗骨安置在了杭州西湖孤山北麓西泠桥南边的一块土地上。

　　大家都知道苏曼殊很喜欢西湖的景色，把他安葬在这里，让他每日对着西湖风景，也算给了他一个最后的交代。巧的是，就在西泠桥的北面，便是名妓苏小小的墓地。苏曼殊生前与许多青楼女子都有着深厚的交情，不知道苏小小对此是否知晓，午夜梦回的时候，她是否来到苏曼殊的身边，为他演奏一曲古筝呢？

　　南社的朋友们在做完了这件事后，各自心头才终于把这块悬着的石头放下。大家在心中都隐隐地觉得有些对不住苏曼殊。苏曼殊这样具有惊世之才的人，在当时受到的多是冷遇，多是争议，这对一个本就个性敏感的人来说，无疑只会加重他的心事。

　　那个时候，以胡适为代表的新文学的倡导者们认为苏曼殊的作品是在传达旧社会的思想，对他多有批判。其实文学也是经常伴随着时代性的，在那个时代里，他的作品的确是不符合潮流，会被批判也是情有可原。更何况，那个年代还充满了各种新旧思想的冲击和斗争。苏曼殊不过是被牵连其中的。他只是想要写出自己心中的故事而已，对他们的争斗一点也不感兴趣。但正所谓人不惹红尘，红尘自惹人。就算他不在乎，也会有人在乎。他轻易就被人划分了阵营，还是被划入那个必须要被打倒的阵营。

　　苏曼殊生错了时代，若是他晚生几十年，他的作品得到的待遇肯定不会是当时那样的情况。苏曼殊的悲剧人生让人不禁想起了梵高。梵高当年的画作也是无人赏识，但在他死后几百年，忽然就有人发现了他的作品，忽然就将他捧上了神坛。只是这种神坛又有什么意思呢？人都死了，谁又能去告诉当时活着的他，原来他的画还是有很多人喜欢看的呢？

　　说来也讽刺，在苏曼殊去世的几年后，文坛上忽然又开始欣赏起他的作品来。甚至在当时掀起了一阵曼殊热。也不知道从谁开始，人们忽然从废纸堆里找到了苏曼殊的作品，忽然发现他的文学造诣真是惊为天人。忽然很多人都开始热衷于阅读他的作品了。甚至一时间，还滋生出了许多文学研究者，专门研究苏曼殊的著作。

柳无忌在编撰《曼殊大师纪念集》的时候说："曼殊虽死，曼殊却在精神上未死，在文坛上不朽。因为他的作品流传着，受到千万读者的爱好，赞美，欣赏，不知打动着多少有心人的心窍。在此一二十年中，各种曼殊的集子陆续出版，就是北新本亦是一版再版，销行数万本之多，差不多打破了一切普通书籍的销售纪录，誉为出版界的空前盛况。这颗文坛上的彗星已陨落有 25 年了，他是一个世纪末的鬼才，一个时代将逝去的回光返照，我们不能不纪念他。"

对于这样的赞誉，不知道苏曼殊在天有灵，是否能知道呢？如果这赞誉早来 25 年，是不是苏曼殊就不会死得那么早，那么快？也许他命里注定了他永远要为人做嫁衣。他的作品并没有在他生前为他带来多少利益，倒是在他死后，成全了一批用他的作品来出版的商家们。这也算是前人种树后人乘凉吧。只不过这前人过得太苦，太惨。

再后来，柳无忌又撰写了许多文章，来分析和研究苏曼殊的作品。他把对苏曼殊的研究分为三个阶段：第一阶段是苏曼殊去世后到 1940 年，那段期间主要是收集各种资料。第二阶段是 1960 年到 1975 年，这段时期对苏曼殊的研究已经发展到了英美等国家。第三个阶段，则是从 1980 年开始的。

可惜柳无忌生得晚了，若是他能生早一些，也许就能成为苏曼殊最知心的知己。在柳无忌盛年的时候，苏曼殊早已经逝世很久。大概柳无忌自己也对此十分遗憾吧，所以才会一直致力于对苏曼殊作品的研究。正所谓"君生我未生，我生君已去了……"